나를 사랑하게 하는 자존감

비전과리더십

나를 사랑하게 하는
자존감

지은이 | 이무석

펴낸곳 | 비전과리더십
등록번호 | 제302-1999-000032호
주소 | 140-240 서울시 용산구 서빙고동 95번지 두란노빌딩

편집부 | 2078-3442   e-mail | gracepark@duranno.com
영업부 | 2078-3333
발행일 | 초판 1쇄 2009. 10. 1.
      68쇄 발행 | 2023. 5. 26

ISBN 978-89-90984-61-6   03320

잘못된 책은 바꾸어 드립니다.
책값은 뒤표지에 있습니다.

비전과리더십은 두란노서원의 경제 · 경영 브랜드입니다.

나를 사랑하게 하는

자존감

이무석 지음

비전과리더십

열등감에서 벗어나
희망의 문을 여는 열쇠

김혜남 정신과 전문의, 『서른살이 심리학에게 묻다』 저자

모든 사람은 이 세상에서 유일무이한 존재이다. 그 어느 누구
도 똑같은 사람은 없다. 자신만의 영혼과 마음을 지닌 유일한 존
재로서의 인간은 그렇기 때문에 모두 귀하고 특별하다. 돈이 많
아서가 아니고 성공을 해서도 아니며 외모가 출중해서도 더욱
아니다. 평범하던 사람도 가까이 다가가 알게 되면 굉장한 사람
이 된다. 그 사람을 통해 우리는 또 하나의 우주를 만난다. 아주
귀하고 아름다운 우주를….

그런데 자신 안에 있는 우주를 보지 못하는 사람들이 있다.
이들은 자신이 얼마나 아름답고 괜찮은 사람인지 모른 채 열등
감에 빠져 스스로를 창피해하고 자책하면서 불안한 삶을 산다.

사실 열등감은 어느 누구에게나 있다. 왜냐하면 모든 일을 잘

하거나 모든 것을 갖춘 사람은 없기 때문이다. 또한 인간은 항상 자신에게 없는 것을 욕망하는 존재이기 때문이다. 열등감의 뿌리가 너무 크고 깊으면 그 사람의 인생은 어둡고 불행해진다. 자존감이 낮은 사람들은 자신이 못나고 무가치하다고 믿기에 행복해질 수 있는 많은 기회와 가능성을 애당초 포기해 버리기 때문이다.

『30년만의 휴식』과 『친밀함』으로 어릴 때 받았던 상처 때문에 고통스러운 삶을 살고 있는 사람들에게 따뜻한 위로와 치유의 손길을 내민 이무석 교수님이 이번에는 스스로를 열등한 사람으로 규정하고 이로 인해 고통 받는 사람들을 위해 또다시 펜을 들었다.

사실 정신분석가로서 개인의 이야기를 밝힌다는 것은 많은 용기와 결단이 필요하다. 그런데 이무석 교수님은 고통 받는 사람들을 위해 자신을 기꺼이 열었다. 이 교수님은 "자네가 자신을 그렇게 생각하는 데는 이러이러한 이유가 있다네. 나도 그런 적이 있었거든…." 하고 말씀하신다. 그리고 그러한 열등감은 극복되고 치유될 수 있다고, 바로 당신이 자신의 가장 든든한 응원군이 되어야 한다고 속삭인다. 그래서 나는 교수님을 고통 받고 아파하는 사람들을 위한 '치유와 희망의 메신저'라고 부르고 싶다.

『나를 사랑하게 하는 자존감』은 많은 사람들에게 희망을 말해 주는 책이 될 것이다. 책에 녹아 있는 교수님의 따듯한 체온과 고통 받는 사람들을 향한 사랑의 마음을 응원군 삼아 많은 사람들이 열등감에서 벗어나 희망으로 가는 문을 열 수 있게 되리라 믿는다.

나는 한 마디의 말이 사람을 살릴 수 있으며, 한 권의 책이 인생의 방향을 바꿀 수 있다고 믿는다. 『나를 사랑하게 하는 자존감』은 열등감에 사로잡혀 힘겹게 살아가는 사람들, 또는 왜곡된 자기만족에 휩싸여 오만하게 살아가는 이들에게 인생의 진정한 행복이 무엇인지를 알게 해 준다. 며칠 전 KTX 열차 안에서 우연히 이무석 교수님을 만났다. 그에게는 여유가 있었다. 그리고 편안함이 있었다.

이 책을 읽는 내내 이런 생각을 하게 되었다. '여유와 편안함은 열등감이라는 열차에서 내려 자존감이라는 인생의 열차로 갈아탈 때 생기는 것이겠지!' 지금 이 책을 살까말까 망설이는 사람이 있다면 당장 사서 읽어보고 행복 열차로 갈아타라고 말하고 싶다.

라준석 온누리교회 총괄수석목사, 『행복한 누림』 저자

『남편 성격만 알아도 행복해진다』를 쓴 이후 우리 부부는 강의와 방송 등으로 더욱 바빠졌다. 부부가 서로 사랑하지 않아서가 아니라 성격이 달라서 싸우게 되는 것을 알려 주는 것이 강의 내용의 핵심이다. 그런데 강의를 할 때마다 느끼는 점은 부부간의 갈등 원인 중 성격 차이로 모든 것을 설명하기엔 한계가 있다는 것이다. 이 책은 그런 한계에 명쾌한 해결책을 제시한다. 부부가 서로 사랑하지 못하고 상처를 주는 이유 중 하나는 어릴 때 형성된 '열등감의 아이'가 어른이 된 후에도 자라지 않았기 때문이라는 것이다. 마음의 중요성을 강조하는 저자의 전편들에 이어 대인관계와 관련된 모든 문제의 실마리를 찾아 주는 강력한 책이다.

이백용 CBMC 대표, 『남편 성격만 알아도 행복해진다』 저자

『나를 사랑하게 하는 자존감』에는 생생하게 살아 있는 다양한 사례들이 담겨 있다. 정신과 의사인 저자가 바로 곁에서 자신의 상담 경험을 들려주는 듯하다. 크든 작든 누구나 마음의 상처로 안고 가는 열등감의 문제들. 함께 고개를 끄덕이며 위로하는 저자의 시선이 따뜻하다. 저자는 이 책에서 자신의 체험 또한 털어놓고 있다. 마음의 건강을 회복시키는 '자존감 높이는 법'에 대한 그의 해법은 명쾌하다. 실행에 옮기는 것이 그리 어렵지 않음은 저자의 트레이드마크로 꼽히는 편안한 표정과 환한 미소가 말해주고 있는 듯하다.

계수미 동아일보 출판국 전문기자

'자존감'은 평소에 많은 관심을 갖던 주제인데다 내용이 좋아서 단숨에 끝까지 읽었다. 이 책에 큰 관심이 갔던 이유는 나에게 타고난 열등감과 또 살면서 생겨난 열등감이 있었기 때문이다.

나는 어렸을 때 아버지가 돌아가셨고 키도 작다. 그리고 가난하게 살았고 학력도 화려하지 않다. 이처럼 다양한 열등감이 있었지만 지금의 아내를 만나면서 많이 회복되었다. 아내는 언제나 나를 긍정적으로 평가해 준다. 또 신앙생활을 하면서 교회에서 만난 많은 사람들 덕분에 자존감이 회복되었다. 내가 믿는 하나님과 교회 사람들은 나를 아무 조건 없이 사랑해 준다.

그럼에도 불구하고 일이 잘 안 풀릴 때는 가끔씩 '내가 하는 일이 다 그렇지 뭐….' 하며 나를 학대하며 우울해한다. 그런데 이 책은 그런 나의 감정을 거울로 들여다본 듯 예리하게 표현하고 있다. "열등감은 무의식중에 진행된다. 어릴 때부터 늘 그렇게 자신을 부정적으로 평가하며 살아왔기 때문에 그런 열등감의 관점에 어느새 습관처럼 익숙해져 버렸다."는 글귀가 내 가슴에 꽂혔다. 나도 모르게 습관적으로 되뇌던 생각들이 열등감 때문임을 알았다.

자존감이 낮은 사람은 자신뿐 아니라 옆에 있는 이들도 아프게 한다. 반면에 자존감이 높은 사람은 자신뿐 아니라 옆에 있는 이들도 행복하게 한다. 많은 사람들이 이 책을 읽고 자신의 현재 모습을 발견했으면 좋겠다. 먼저 자신을 용서하고 다른 사람들을 용서하여 건강한 자존감을 유지했으면 좋겠다.

박희문 A 교회 전도사

마음 깊은 곳으로 내려가 나의 과거와 내면을 마주하는 일은 때때로 너무나 고통스러워 피하고 싶을 때가 많다. 혹은 내겐 아무런 문제가 없다고 단언하며 문제를 덮어 버릴 때도 있다. 오랫동안 내 감정을 눌러놓고 가면을 쓰는데 익숙했던 나는 상담공부를 통해 나 자신의 내면을 들여다 볼 용기를 얻었다. 그런 내게 이 책은 나 자신과의 만남에서 객관적인 시선으로 나를 볼 수 있게 해 주었다. 뿐만 아니라 삶을 부정적인 관점으로 바라보았던 내 시선을 한층 부드러운 시선으로 바라보도록 바꿔 주었다. 이제는 그 누구의 평가와 이야기도 편안하게 들을 수 있는 여유가 생긴 것도 이 책 덕분이다. 곁에 놓고 두고두고 읽고 싶은 책이다.

방은실 상담을 공부했고 내면에 관심이 많은 40대 주부

　　이 책을 단번에 읽은 후 창문을 활짝 열고 파란 하늘을 올려다보았다. 내 안에서 나를 향한 위로와 사랑 그리고 격려가 샘물

처럼 솟았다. 어릴 때부터 예쁜 동생 때문에 마음의 감옥에 갇혀 살던 내가 나를 이해할 수 있게 되었다. '아! 그래서 예쁜 사람들만 보면 이런 감정을 느꼈구나.' 이 책을 권해 준 사람에게 너무 고맙다.

정현희 자신과 화해하고 싶어 하는 30대 주부

CONTENTS

 우리 모두에게 있는 열등감

PART 1

우리 힘으로 어쩔 수 없는 것에 대한 열등감

PART 2

누구나 자존감을 높일 수 있다

자존감은
관점의 문제다

20년 감옥살이보다 더 괴로운 열등감

영화와 책으로 소개된 〈더 리더〉를 보면 열등감의 위력을 실감할 수 있다. 〈더 리더〉의 주인공 한나는 30대의 여성이다. 그녀는 친척도 없이 외롭게 사는 버스표 검표원이다. 성격은 어린아이 같이 단순하다. 학교도 다니지 못해서 글을 읽지도 못한다. 문맹은 그녀의 열등감이었다. 남에게 알리기 싫은 진실 중하나였다.

어느 날 마이클이라는 15세 소년을 만났다. 둘은 사랑에 빠졌다. 만날 때마다 한나는 마이클에게 책을 읽어달라고 부탁했다.

그때까지 마이클은 한나가 문맹이라는 사실을 몰랐다. 30대 여성이 10대 소년과 사랑 놀음이라니…. 그렇게 충동적으로 사랑을 나눈 한나는 갑자기 마이클을 버리고 떠나 버렸다.

그리고 8년 후, 마이클은 법대생이 되었다. 마이클은 나치 전범들을 재판하는 법정에서 피고석에 앉아 있는 한나를 보게 되었다. 알고 보니 한나는 유태인들을 학살했던 수용소의 간수였다. 5명의 다른 간수들도 재판을 받고 있었다. 다른 간수들은 자신들의 죄를 숨기려 했지만 한나는 사실대로 말했다.

재판 과정에서 하나의 문건이 발견됐다. 그것은 당시 수용소의 간수들이 했던 행동을 자세히 기록한 보고서였다. 궁지에 몰린 여자 간수들은 보고서를 전부 한나가 쓴 것이라고 거짓 증언을 했다. 그러나 그것은 사실이 아니었다. 한나는 문맹이기 때문이다. 문맹자가 어떻게 보고서를 쓴단 말인가?

한나는 법정에서 자신이 문맹이라는 사실을 밝히면 누명에서 벗어날 수 있었다. 판사는 문맹여부를 밝히기 위해 한나에게 사인을 해보라고 명령했다. 그런데 한나는 마치 글을 아는 사람처럼 사인을 했다. 문맹이라는 사실을 도저히 밝힐 수 없었던 것이다. 한나는 결국 모든 죄를 뒤집어쓰고 20년 형을 선고 받았다.

한나는 20년 형을 사는 것과 문맹이라는 사실을 밝히는 것 사이에서 갈등했을 것이다. 그렇지만 그녀는 문맹자라는 사실을 공개하고 수치를 당하는 것보다 차라리 20년간 감옥살이 하는 편을 선택했다. 열등감의 수치심이 얼마나 지독한 것인지 생각하게 하는 장면이었다.

20년 동안 마이클은 한나에게 책을 녹음한 테이프를 감옥으로 보내주었다. 한나도 감옥에서 글을 깨우치고 도서관에서 책도 읽을 수 있게 되었다. 늙은 한나가 감옥에서 나온 날 마이클은 '한나가 자신이 저지른 죄를 뉘우치고 있을까?' 하는 의구심을 가졌다. 한나는 유태인 아이들을 불난 교회에 가두어 타죽게 했기 때문이다.

이제는 중견 변호사가 된 마이클이 물었다.

"그동안 감옥에서 뭘 깨우치셨는지 모르겠네요."

그런데 한나의 대답은 뜻밖이었다.

"뭘 깨우쳤냐고? 글을 깨우쳤지."

노인이 된 한나의 관심은 아직도 문맹 열등감의 주변에 머물고 있었다. 자신이 글을 읽을 수 있다는 사실이 그녀에게는 가장 큰 뉴스였던 것이다. 마이클과 헤어진 날 그녀는 목을 매어 자살하고 만다. 그녀에게 실망한 마이클의 차가운 반응이 그녀를 절망하게 했던 것이다.

한나는 왜 문맹이라는 사실을 숨기고 20년 감옥살이를 택했을까? 문맹 열등감은 20년의 감옥살이보다 더 고통스러운 것이었다. 열등감은 이렇게 지독하다.

당신은 어떤 관점으로 당신을 보는가?

열등감은 자신에 대한 스스로의 평가에서 나온다. '나는 못난이야.' '나는 무능해.' 그래서 사람들이 자기를 무시할 것이라고 생각하는 것이 열등감이다. 눈이 작아서, 학벌이 형편없어서, 아이큐가 낮아서…. 이렇게 보면 열등감이 그럴듯한 이유를 갖고 있는 것 같아 보이지만 사실은 그렇지 않다. 열등감은 매우 주관적이며 심지어 독선적이다. 그리고 이런 독선적인 열등감은 인생을 수치심과 패배감으로 채우고 무기력하게 만들어 버린다. 심지어 정신 질환을 일으키기도 한다.

열등감은 객관적 조건의 문제가 아니다. 눈의 크기나 학벌의 문제가 아니다. 열등감은 관점view point의 문제다. '자신을 어떤 시각에서 보느냐'의 문제다. 예컨대 고졸 학력을 가진 두 사람이 있다고 하자. 한 사람은 고졸 학력 때문에 지독한 열등감을 느끼고 있다. 누가 자기 학력을 알까 봐 모임에도 나갈 수 없다. 그러나 다른 사람은 같은 고졸인데도 자신의 학력을 부끄럽게 생각하지 않는다. 떳떳하고 당당하다. 이 두 사람의 차이는 학력 자체라기보다 학력을 보는 관점의 차이다.

다윗과 골리앗의 싸움은 유명하다. 이 싸움에서도 관점의 차이를 볼 수 있다. 골리앗은 2미터가 훌쩍 넘는 키에 수십 킬로그램짜리 창을 든 거인이었다. 왕을 비롯하여 모든 병사들이 두려워 떨던 인물이었다. 그런데 소년 다윗은 골리앗을 거인으로 보지 않았다. 자신을 소인으로 보지도 않았다. 다윗은 골리앗을 자신이 양을 칠 때 쫓던 한 마리의 짐승쯤으로 생각했다. 그래서 개나 이리를 쫓을 때 쓰던 막대기와 돌팔매를 들고 나갔다. 싸움은 다윗의 승리로 끝났다. 이 싸움의 승패를 가른 것은 겉으로 드러난 덩치와 무기가 아니다. 관점의 차이가 승패를 갈랐다. 승리자의 관점과 패배자의 관점이었다. 다윗이 승리자의 관점을 가질 수 있었던 것은 그의 신앙 때문이었다.

열등감은 자신을 항상 비관적이고 부정적인 쪽으로 생각하게 만들기 때문에 문제가 된다. 그런데 자신은 그런 사실을 모르고 있는 경우가 대부분이다. 무의식중에 진행되기 때문이다. 게다가 어릴 때부터 늘 그렇게 자신을 부정적으로 평가하며 살아왔기 때문에 열등감의 관점에 어느새 습관처럼 익숙해져 버린다. 다른 방식으로 생각할 수 있다는 사실조차 알지 못한다. 이를 정신분석 용어로는 '자아 동질적ego syntonic'이 되었다고 한다. 그래서 어떤 상황에 부딪치면 거의 자동적으로 열등감에 빠진다. 마치 검은 색안경을 쓴 사람과 같다. 온 세상 어디를 봐도 어둡기만 하다. 그래서 열등감의 안경을 쓴 사람의 인생은 우울하고 비관적이다.

'나는 나를 어떤 관점에서 보고 있는가? 그 부정적 관점은 언제, 어떻게 시작되었는가?' '열등감의 관점이 내 인생에 어떤 영향을 주고 있는가?' 충분히 생각해 보자. 자신의 마음을 이해하고 관점을 바꾸면 열등감의 감옥에서 나올 수 있다. 마치 검은 색안경을 벗고 밝은 세상을 볼 때처럼 세상이 달리 보일 수 있다. 이것이 내가 이 책에서 쓰고 싶은 내용이다.

"사람은 제 잘난 맛에 산다."는 말이 있다. 자존감이 사람을 살게 하는 원동력이라는 말이다. 옳은 말이다. 많이 가진 사람은 많이 가진 대로 자존감이 있고, 적게 가진 사람은 적게 가진 대로 자존감이 있다. 그리고 이 자존감이 사람을 당당하고 건강하게 만든다. 나는 정신과 의사로 살면서 많은 정신 질환자를 치료했다. 정신분열증, 기분 장애, 우울증, 불안신경증, 인격 장애

등등. 내 연구실에는 수백 권의 책이 있는데 대부분의 책은 마음에 대한 것이다. 또한 정신분석가로서 매일 인간의 내면세계와 만나면서 한 가지 사실을 발견했다. '자존감이 무너지면 마음이 병든다.'는 것이다. 반대로 자존감이 회복되면 마음이 건강해진다. 따라서 나의 치료 기법의 비밀도 분명하다. 바로 '자존감의 회복'이다.

자존감이 높은 사람은 어떤 특징이 있을까?*

자존감이 높은 사람들은 자기 신체에 대한 만족도가 높다. 반대로 자존감이 낮은 사람들은 자기의 눈, 코, 체중을 마음에 들어 하지 않는다. 부끄럽게 생각한다. 자기 외모에 열등감을 심하게 느낀다. 자화상을 그리게 하면 신체 만족도가 분명하게 드러난다. 자존감이 낮은 사람들은 자신을 희미하게 그리거나 작게 그린다. 열등감을 느끼는 신체 부위를 자화상에서 지나치게 과장하기도 한다.

★ EBS 특별기획 5부작(2008) : 〈아이의 사생활〉 제3부 "자아 존중감"

자존감이 높은 사람들은 공감 능력도 높다. 남의 감정을 파악하는 능력을 EQEmotion Quotient라 하는데 자존감이 높은 사람들은 EQ도 높다. 반면에 자존감이 낮은 사람들은 EQ가 낮다. '저 사람이 나를 어떻게 볼까?'에 신경 쓰느라고 상대방의 감정을 읽을 여유가 없기 때문이다. 그리고 상대방의 감정을 자기 식대로, 부정적으로 해석해 버린다. '나에게 화가 난 거야. 나를 싫어하고 있어.' 좋은 대인 관계를 위해서는 상대방의 감정을 잘 파악할 수 있어야 한다. 즉, 공감 능력이 필요하다. 그런데 자존감이 낮은 사람들은 상대방의 감정에 대한 공감 능력이 부족하고 자기 식대로 해석하기 때문에 대인 관계가 힘들다.

자존감이 높은 사람이 리더가 된다. 리더는 사람을 좋아할 뿐만 아니라 그 사람이 잠재 능력을 발휘하는 것을 돕는다. 갈등을 풀고 생산적인 결과를 도출해 낸다. 자존감이 높은 사람은 인정이 많고 자신감이 있으며 미래에 대해서 희망적이기 때문에 따르는 사람도 많다. 아이들을 '게임에서 이길 것 같다.'는 그룹과 '질 것 같다.'는 그룹으로 나누고 게임을 진행했다. 결과는 게임에서 이길 것이라고 믿었던 아이들이 모두 이긴 것으로 나타났다. 자신감은 이렇게 승패에도 영향을 준다. 자존감이 높은 사람은 성공에 대한 확신이 있다. 사람들은 안심하고 그를 따르며 성공 경험도 많이 한다. 그래서 그는 리더가 된다.

　독자들은 이 책에서 많은 분들을 만날 것이다. 그분들에게 나는 자존감에 대해서 많이 배웠다. 귀하고 고마운 분들이었다. 그분들의 이야기는 실화지만 신상 정보는 그분들을 보호하기 위해서 철저하게 바꿨다는 것을 말씀드린다. 우울증으로 골방에서 숨어 살던 한 젊은 의사는 고맙게도 내가 쓴 책을 읽고 골방에서 나와 다시 의사 생활을 시작하기도 했다.

　세상에는 열등감의 감옥에 갇혀서 억울한 세월을 보내고 있는 분들이 많다. 자신이 벌레처럼 작고 초라해 보여서 부끄럽다고 한다. 남모르게 상처 받고 눈물 흘리며 산다. '언제까지 이렇게 살아야만 하나! 억울해. 나도 한번 당당하게 살고 싶다!' 이렇게 열등감에 시달리고 있는 분들을 돕기 위해서 이 책을 쓰게 되었다.

　1부에서는 가난하고 불행한 가정에서 자란 G의 이야기를 통해 열등감이 자신과 주변 사람들에게 얼마나 파괴적인 영향을 미치는지 소개했다. 2부와 3부에서는 사람들이 열등감을 느끼는 조건들에 대해서 생각해 볼 것이다. 그 조건들은 크게 두 가지 범주로 나누어 볼 수 있다.

첫째는 타고난 조건에 대한 열등감이다. 눈이 크거나 작은 것은 타고난다. 키도 그렇고 다른 외모appearance도 그렇다. 부모나 집안도 타고난다. 우리 힘으로 어쩔 수 없는 이런 타고난 조건에 대한 열등감에 대한 내용을 담았다. 둘째는 후천적 조건에 의한 열등감이다. 능력 열등감, 가난 열등감, 학벌 열등감 등이 여기에 속한다. 그리고 성폭행이나 왕따 경험 같은 상처받은 경험들, 자위행위로 인한 열등감도 소개했다. 자존감은 대인관계와 성격에 영향을 미친다. 4부에서는 낮은 자존감을 가진 사람들이 겪을 수 있는 다양한 정신 질환과 성격에 따른 자존감 추구 방법을 다루었고, 5부에서는 자존감을 높이는 방법을 설명했다.

사실 나는 오랫동안 자존감에 대한 책을 쓰고 싶었다. 그러나 자존감이라는 주제가 너무나 크고 무거워서 쓸 엄두를 내지 못하고 마음속에서 만지작거리고만 있었다. 이 책이 내 마음에서 나와 세상 빛을 보게 된 것은 비전과리더십의 고준영 편집장 덕이다. 이 책을 아내 문광자에게 주고 싶다. 내가 환자 진료에 몰두할 수 있도록 한결같이 내조해 준 아내가 고맙다.

2009년 10월,

청담동 연구실에서…

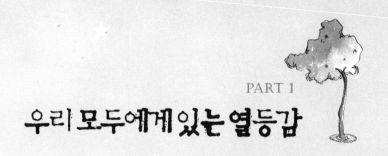

PART 1

우리 모두에게 있는 열등감

가난하고 불행한
가정에서 자란 G

G의 부인은 우울증이었다. 어느 날 부인이 G에게 "이혼해요. 더 이상 이렇게 살 수는 없어요."라고 선언했다. 청천벽력이었다. 그는 정신과 상담을 받지 않으면 당장 이혼하겠다는 아내의 협박에 못 이겨 나를 만나러 왔다. G의 첫인상은 내가 생각했던 것보다 훨씬 온순하고 부드러웠다. 나는 오랜 시간에 걸쳐서 그의 이야기를 들었다. G는 비교적 솔직하게 자기 이야기를 해주었다. G가 이야기해 준 G의 삶은 어찌 보면 우리들의 내면 이야기 같기도 하다.

G는 유년기에 가난하고 불행한 가정에서 자랐다. 초등학교

때 아버지는 사업에 크게 실패했고 부모님은 자주 싸웠다. 어린 G는 아버지의 발자국 소리만 들어도 심장이 졸아들 듯 긴장되고 무서웠다. 사업에 실패한 아버지는 금방 만회해 보겠다는 생각에 도박에 빠져 들었다. 그러나 도박빚으로 살고 있던 집까지 날렸다.

갈 곳이 없게 된 가족들은 친척 집에서 살아야 했다. 누나와 여동생은 어머니와 다른 친척 집에서 지내고 남자인 G만 혼자 외갓집으로 보내졌다. 어머니는 곧 데리러 오겠다고 약속했지만 G는 혼자만 버림 받았다고 생각했다. 밤마다 오줌을 쌌다. 외사촌들로부터 오줌싸개라고 놀림을 받았다. 학교에서도 오줌싸개라고 소문이 나서 외톨이가 되었다. 그곳에서 1년간 구박을 받으며 살았다. 억울한 G는 어린 마음에도 '우리 집이 부자라면 이렇게 살지 않을 텐데…' 하는 생각을 했다.

중학교에 진학하던 해 부모님이 데리러 왔지만 상황이나 형편이 나아진 것은 아니었다. G는 늘 배가 고팠다. 군것질할 것이 없어서 생쌀을 씹어 먹기도 했다. G가 열등감을 느끼는 친구가 있었다. 그 친구는 부잣집 아들이었다. 평소에도 멋진 옷만 입고 다녔다. 도시락 반찬도 화려했다. G가 먹어 보지도 못한 반찬을 싸 왔다. 가방도 새것이었다. G는 늘 다른 사람이 쓰던 가방이나 교복을 물려받았기 때문에 새 가방을 가져 보지 못했고, 새 교복도 입어 본 적이 없었다. 친구가 신고 있는 하얀 운동화도 멋져 보였다. 애들은 모두 그 애를 부러워했고 G도 그 애가 부러웠다. 공부는 G가 훨씬 잘했는데 그 애 앞에서는 왠지 기가 죽었다.

　어느 날 그 애가 G를 자기 집에 데리고 갔다. 그 애 집은 정원도 있고 전축도 있었다. 처음 본 전축에서 흘러나오는 교향곡은 정말 고상하고 근사했다. 그 애 아버지가 변호사고 어머니는 텔레비전에도 나오는 유명인사라는 사실을 그때 알았다. 그날 그 애 집에서 G는 주눅이 들어 허리도 제대로 펴지 못했다. 주는 초콜릿도 다 먹지 못했다. 친구는 자기와는 차원이 다른 별세계 사람같이 보였다. 별 볼일 없는 자기 부모와 비교되어 창피했다.

늘 두려움을
안고 살다

G의 꿈은 출세였다. 어떻게 해서라도 높은 자리에 앉고 돈을 벌어야 한다고 생각했다. G는 형제 중 유일하게 명문 대학에 들어갔다. 돈을 벌기 시작했을 때 G가 제일 먼저 산 것은 가방이었다. 그것도 큰맘 먹고 여러 개를 샀다. 그리고 하얀 운동화도 샀다. 지금도 G는 하얀 운동화를 즐겨 신는다. 집을 장만했을 때는 집 평수에 어울리지 않는 커다란 피아노를 사들였다. 사실 그는 피아노를 칠 줄도 모른다. 전축도 사들였다. 그는 오디오광이 되었다. 피나게 절약하는 그가 오디오에 큰돈을 쓰는 것을 보며 놀라는 친구들도 있었

다. 클래식도 즐겨 들었다. 그리고 초콜릿도…. 그의 이런 이야기를 들으면서 나는 중학교 때 친구집에서 열등감에 사로잡혔던 그가 생각났다.

그는 열심히 노력한 덕에 고액 연봉자가 되었고 현재의 아내와 결혼도 했다. 아내는 학벌과 미모, 게다가 집안까지 좋았다. G는 집에서는 순한 아내를 꽉 잡고 회사에서는 날로 승진했다. 연봉이 높아지자 자부심도 생겼고 자신감도 올라갔다. 그러나 경제 불황으로 주가가 폭락했고 그의 연봉도 뚝 떨어졌다. G의 자신감도 연봉을 따라 뚝 떨어졌다. 이 무렵이었다. 손아래 동서 때문에 아내와 싸운 날은….

그날은 아내의 생일 전날이었다. 처가에서 처제 가족과 저녁 식사를 했다. 처음부터 기분 상하는 일이 있었다. 동서는 외과 의사인데 병원에서 수술이 있다고 늦게 나타났다. 그리고도 G를 보고 미안하단 말 한마디 없었다. 인사도 하는 둥 마는 둥 했다.

'저 건방진 자식이 나를 무시하는 거야. 내가 가난한 집 출신이라고 무시하는 게 틀림없어.'

게다가 G는 식탁을 보는 순간 비위가 확 상했다. 고기를 좋아하는 자신의 식성과 달리 상에 차려진 음식은 거의 모두 동서의 취향이었다. 동서가 좋아하는 해산물 중심으로 차려져 있었던 것이다. 장인, 장모도 동서를 특별히 생각하는 것 같았다. G와 달리 동서는 부모로부터 물려받은 재산이 많다.

식탁에서 동서는 줄곧 특유의 유머 감각으로 재미있는 이야기를 해서 사람들을 웃겼다. G가 가장 못하는 것이 유머다. 분위기는 동서를 중심으로 돌아가고 있었고 G는 아웃사이더가 되었다. 한술 더 떠 처제는 줄줄이 자신의 시댁 식구들, 특히 동서의 부모 자랑을 늘어놓았다. 장모도 동서의 어머니가 자식을 훌륭하게 키웠다고 칭송했다. 더구나 G의 아내까지도 그런 부잣집에 시집간 여동생을 부러워하는 것 같았다.

불편한 심기를 애써 감추고 있는 G에게 동서가 물었다.

"형님, 요즘 많이 힘드시죠? 주가가 폭락해서 입장이 곤란해진 펀드매니저들이 많다던데요."

G는 동서가 고의적으로 자신의 약점을 들춰내는 것이라고 생각했다. 집으로 돌아오는 동안 내내 그는 아내에게 동서의 시건방진 태도에 대해 이야기했다. 그러나 아내의 반응은 G의 말에 공감하는 것 같지 않았다. 더 속이 상했다.

그는 아내를 사랑했다. 누구보다도 아내에게 인정받고 위로받고 싶었다. 그래서 아내가 자기를 인정해 주지 않는다는 생각이 들면 갑자기 화가 치밀었다. 자기를 무시하는 것이라는 생각이 들기 때문이었다. 자기를 무시하는 아내에게 보복하고 싶어졌다.

G가 자주 사용하는 보복 수단은 돈이었다. 생활비를 줄여 버리거나 끊어 버리는 것이다. 그러다 마음이 풀리면 다시 돈으로 보상을 해 줬다. G의 이런 태도에 아내가 모멸감을 느끼는 것은 당연했다. G는 자기 함정을 파고 있었다. 아내에게 인정받고 사랑받고 싶은 마음과는 달리 아내를 자꾸 자기로부터 몰아내고 있었다. 자기가 아내에게 한 행동은 생각하지 못하고 아내가 날로 자신을 더 거부하고 무시한다고 생각했다. G는 더 난폭해졌고 그렇게 G 부부는 아내의 말대로 지옥 같은 생활을 하고 있었다.

G는 겉으로는 강하고 난폭해 보였지만 사실은 불안감이 높고 여린 사람이었다. 직장에서 인정을 받아야 안심이 되었고 한 가정의 가장으로서도 완벽하다고 인정받고 싶어 했다. 인정을 받지 못하면 다시 불안해졌다. 주변도 항상 정돈되어 있어야 했다. 모든 게 완벽하게 정돈되어 있을 때만 안정감을 찾았다. 이는 불안감이 높은 사람들의 특징이다. 사실 G는 어느 한순간도 마음 푹 놓고 사는 날이 없었다. '나는 망할 것이다. 무시당할 것

이다.'라는 불안한 생각에 지배당하고 있었다.

그는 파산에 대한 두려움을 갖고 있었다. '나라 경제가 어려운데 고객이 줄어들면 큰일이다. 수입이 떨어지면 우리는 망할 것이다. 나는 배경도 없고 도와줄 사람도 없는데 내가 망하면…' 집도 있고 다른 부동산도 있어서 이런 걱정이 지나치다는 것을 자신도 잘 알았다. 그러나 요즘 부쩍 G는 순간순간 파산을 예상하고 초조해질 때가 많았다. G는 남 보기에 성공한 사람이었다. 그러나 그의 내면은 아무도 이해할 수 없는 불안감 때문에 불행했다.

'어떻게 먹고 사나?' '남들에게 무시당하면 얼마나 창피할까?'

이것이 G의 심리적 현실psychological reality이었다. 열등감이 문제의 핵심에 있었다.

시한폭탄 같았던 G,
편안해지다

그의 심리적 현실을 좀 더
자세히 분석해 보자. G의 마음속에는 가난 열등감에 빠진 '마음
속의 아이'가 살고 있다. 전문가로서 성공했고 능력과 재력도 있
었지만 아직도 마음은 가난뱅이 소년의 지배를 받고 있었다. 생
쌀을 씹어 먹으며 가난에 한이 맺힌 아이였다. 흰 운동화 신고
초콜릿 먹는 친구 앞에서 주눅 든 소년 말이다. 이 아이는 가난
이 두렵다. 무시당하는 것이 두렵다. 자기를 무시하는 사람이
원망스럽고 죽이고 싶도록 밉다. 귀티 나는 동서는 마음속의 아
이를 자극한다. 열등감에 사로잡힌 아이는 잘난 의사 동서 때문

에 창피하고 억울하고 분하다.

이 모든 것은 G 혼자만의 생각일 뿐이다. 하지만 그는 그 생각을 확신하고 그래서 창피하고 화가 치밀어 어쩔 줄 모른다. 이런 심리를 정신분석에서는 투사라고 한다. 이 분노는 죄 없는 부인에게 터진다. 예컨대 G는 첫날밤도 불행했다. 결혼식 날 그는 심한 열등감을 느꼈다. 우아하고 기품 있는 장인 장모, 그러나 깡마른 손을 휘저으며 허세 부리는 아버지, 초라하고 남루한 G의 가족들…. 누가 보더라도 집안의 차이가 확연했다.

"별 볼일 없는 집안이잖아."

"개천에서 용 났군."

하객들이 G의 부모님과 친척들을 보고 수군거리는 것 같았다. 아내도 하객들 앞에서 시부모님을 부끄러워하는 것 같았다. 장모가 신혼여행 경비에 보태 쓰라고 주는 돈도 G의 자존심을 상하게 했다. 아내 역시 결혼식을 마치고나자 웬지 표정이 밝지 않았다. G는 호텔에 도착한 후 기분전환 겸 호텔 바에 내려가서 와인이라도 한잔 하고 싶었다. 그러나 아내는 몸이 좋지 않다는 핑계로 거절 했다.

G는 아내가 가난하고 별 볼일 없는 집안으로 시집 온 것을 후회하고 있다고 판단했다. 거지가 된 기분이었다. 그런 기분으로

아내와 첫날밤을 지낼 수가 없었다. 새벽까지 혼자 술 마시고 고민하다가 아내에게 헤어지자고 했다. 정말 헤어질 생각도 있었다. 그러나 울면서 잘못했다고 비는 아내를 보고 마음을 바꿨다. G의 엉뚱한 분노가 첫날밤을 기다리는 아내에게 옮겨졌던 것이다. 아내는 첫날밤을 혼자 보내야 했고 죄 없이 빌고 울어야 했다.

G의 분노나 불안은 '마음속의 아이'의 열등감에서 나오는 것이기 때문에 이치에 맞지도 않고 충동적이어서 언제 튀어나올지 예측할 수도 없다. 이런 남편과 사는 아내들은 불행하다. 시한폭탄을 안고 사는 것 같다. 이런 남편들에게서 의처증도 생긴다. G의 경우는 다행히 의처증은 보이지 않았다.

이러한 감정은 자녀들에게 심각한 영향을 미친다. 열등감이 심한 아버지들은 아들이 최고가 되기를 바란다. 일류 대학에 가주기를 원한다. 자기 열등감을 보상해 주는 아들을 기대하는 것이다. 이 기대를 저버리면 아버지들은 좌절감을 느끼고 분노한다. 이럴 때 아이들의 입장에서는 아버지의 분노를 도무지 이해할 수가 없다. 혼란스럽고 이해할 수 없는 아버지를 두려워하게 된다. 반항적인 아들이 되기도 하고 분노 처리를 제대로 하지 못하여 정신 질환에 빠지기도 한다.

G는 시간이 걸리기는 했지만 나에게 자신의 마음을 솔직하게 털어놓았다. 그리고 자신의 열등감의 뿌리도 이해했다. 가난 열등감에 빠진 마음속의 아이도 이해했다. 아버지에 대한 분노도 이해하고 풀었다. 나는 그를 되도록 있는 그대로 받아 주고 인정해 주었다. 그는 부끄럽지만 자신의 모습을 있는 그대로 인정하기로 결심했다. 더 이상 자신을 이상적인 인물로 위장하지 않기로 했다. 가난했던 자신의 과거가 부끄러웠지만 그건 과거의 한 페이지일 뿐이었다. 가난하고 부끄러운 환경이었지만, 열심히 노력하고 치열하게 산 덕분에 가난을 극복했다. 이런 자신이 자랑스럽게 느껴졌다. 자신이 자랑스럽게 느껴진 것도, 이런 뿌듯한 느낌도 처음이라고 했다. G는 편해지기 시작했다.

G가 편해지자 아내도 편해졌다. 언제 터질지 모를 폭탄 같았던 남편이었다. 자기 요구를 거절당하고 기분이 상하면 거의 한 주일은 넉넉히 삐쳐 있었던 남편이 이제는 잘 삐치지 않았다. 혹 삐치더라도 곧 풀어졌다. 전에는 TV를 볼 때도 연예인이고 정치인이고 간에 자기 맘에 안 들면 지독한 욕설을 퍼부어서 듣기에 거북했다. 그의 세상은 마음에 들지 않는 사람들로 가득 찬 것 같았다. 누구 하나 곱게 봐주는 사람이 없었다. 아내는 이런 남편을 이해할 수 없었다. 그런데 이제는 달라졌다. 뉴스를 볼 때

욕설이 사라졌다. 동서와도 사이가 좋아졌다. 긴 시간 통화하는 일도 있었다. 골프 이야기였지만 전에는 볼 수 없던 모습이었다.

아들에게도 너그러워졌다. 아들에게 "꼭 일류 대학에 가야만 성공하는 것이 아니야. 주어진 일에 최선을 다하고, 자기 잠재 능력을 발휘하면서 살면 되는 거야. 그렇게 사는 사람들이 행복한 사람들이야."라고 말했다. 전에는 아들에게 무리한 주문을 했다. "일등해라, 최고가 돼라, 인간 명품이 돼라, 남이 알아주는 사람이 돼라." 아들은 아버지의 기대의 바위에 눌려 숨도 쉬기 어려울 지경이었다. 항상 부자간에 심한 긴장과 갈등이 있었다. 그런데 요즈음은 달라졌다. 부자지간에 같이 수영도 다니고 자전거도 탄다. 펴진 아들의 어깨와 표정을 보면서 아내는 누구에게든 "감사합니다!"라고 인사라도 하고 싶은 심정이란다.

열등감과
자존감

　　　　　　　　　사람들은 열등감에 빠져
살기도 하고 자존감을 누리며 살기도 한다. 그런데 사람들은 자
존감과 열등감이 외적 조건에 따라 일어나는 합리적 감정이라
고 오해한다. 그렇지 않다. 이건 착각이다. 예쁘고 돈 많고 출세
한 사람들이 열등감에 빠져 사는 것을 나는 많이 보았다. 조건이
좋은데도 말이다. 자신을 부정적 입장에서 보는 관점이 문제다.
자존감과 열등감은 자신을 보는 관점에 따라 결정된다. 다시 한
번 강조해서 말하지만 문제는 조건이 아니라 관점이다. 자신에
대한 부정적 관점을 바꾸지 않고서는 열등감에서 벗어날 수 없

다. '왜 이런 부정적 관점을 갖게 되는가?'에 대해서는 다음 장에서 설명하겠다. 먼저 자존감이 무엇인지에 대해서 생각해 보자.

자존감self-esteem이란 자신에 대한 스스로의 평가다. 사람들은 두 가지 면에서 자신을 평가한다.

첫째는 자기 가치감self-worth이다. 이는 '나는 가치 있는 사람valuable person이다.' '나는 남에게 호감을 주는 사람이고 사랑받을 만한 사람이다.'라고 평가할 때 일어나는 감정이다. 따라서 자존감이 높은 사람들은 사람들을 만날 때 마음이 즐겁고 편하다. 상대방의 좋은 반응을 예상하기 때문이다. 이에 반해서 자존감이 낮은 사람들은 자기가 상대방에게 혐오감을 줄 것이라고 예상한다. 이렇게 예상하는 이유는 스스로 자기는 무가치한 사람이고 싫증나고 지루한 사람, 의존적인 사람이라고 믿고 있기 때문이다.

사실 사람들은 자기를 좋아하는 사람을 만날 때 편하고 얘기할 맛도 난다. 자기를 싫어하는 사람은 만나고 싶지 않은 것이 인지상정이다. 자존감이 낮은 사람들은 사람들이 자기를 좋아하지 않을 것이라고 생각하기 때문에 사람 만나는 것이 힘들다. 대인기피증도 많다. 그러나 겉으로는 이런 내색을 못한다. 세상을 혼자 살 수는 없고 피치 못할 대인 관계도 있으니 말이다. 그래서 부득이 사람을 만나야 할 때는 구실을 만들어 피하기도 하고, 정 피할 수 없을 때는 따로 화제를 준비하기도 하며, 단둘이 만날 자리를 세 사람 이상이 만나는 자리로 만들어서 불편한 대인 관계를 희석시키기도 한다.

자존감이 낮은 사람들은 물건을 살 때도 점원의 눈치를 보느라고 물건 값을 제대로 깎지 못한다. 택시를 탔을 때도 기사의 눈치를 본다. 불필요한 칭찬도 한다. "운전 참 잘하시네요." 아부 수준이다. 거스름돈이 동전일 때는 기사에게 달란 말도 못한다. 그래 놓고는 '내가 왜 그 돈을 포기했지?'라는 생각에 두고두고 화가 난다. 세상 살기가 참 힘든 사람이다. 그러나 자존감이 높은 사람은 자연스럽게 자기 권리를 주장할 수 있다. "기사님, 말씀드리기 좀 그렇습니다만, 동전을 안 주셨네요." 자존감이 높은 사람은 당당하고 자신을 남에게 '호감을 줄 수 있는 사람'으로 본다.

자존감의 두 번째 요소는 자신감self-confidence이다. 자존감이 높은 사람은 '나는 유능한 사람capable person이다. 내게 맡겨진 일을 잘 해낼 수 있다.'고 믿는다. 자신감이 있어야 사업도 시작할 수 있다. 자신감이 있어야 프러포즈도 할 수 있다. 자신감이 있는 사람은 실패를 두려워하지 않는다. 자신감이 있는 사람은 희망적이다. 시험공부를 하면서도 합격의 희망을 가지고 공부한다.

그러나 자존감이 낮은 사람은 자신감이 없다. 아무것도 할 수 없을 것 같은 무기력증 helplessness에 잘 빠진다. 자신은 무능력하기 때문에 '노력해 봤자 별 수 없다.'는 상태가 무기력의 상태다. 무기력은 자존감이 낮은 사람들, 특히 우울증 환자들의 특징적인 증상 중 하나다. "나는 안 돼요. 시도해 봤는 걸요. 되는 일이 하나도 없었어요. 나는 무능해요. 그리고 세상이 너무 험해요. 무서워요." 용기도 나지 않고 아무 의욕도 없다. 사회적 접촉을 피하고 친구들도 피한다. 시험공부를 할 때도 '공부해 봤자 떨어질 거야.'라는 자기 예언 self-prophecy을 가지고 공부한다. 이런 마음으로 공부할 때 공부가 잘될 리가 없다.

심리적인 생기를 상실한 사람이다. 이런 사람들은 암 같은 신체적 질병에도 쉽게 걸린다. 무기력은 하나의 타성이 되어 버린다. 무슨 일이 잘 풀리지 않으면 거의 자동적으로 '아, 안 되는구나. 역시 난 안 돼.' 라고 쉽게 포기해 버린다. '나는 할 수 없어, 전에도 그랬어.' 라는 무기력증의 타성에 자주 빠진다.

앞에서 설명한 자존감에 대해서 요약해 보자. 자존감은 자기 가치감, 즉 '나는 호감을 줄 수 있는 사람이야.'라는 평가와 자신감, 즉 '나는 맡겨진 일을 잘 해낼 수 있는 사람이야.'라는 평가로 이루어진다. 자존감이 지나치게 낮을 때 열등감이 생긴다.

낮아진 자존감은
회복될 수 있다

셀리그만 교수 팀*은
무기력의 타성에 빠진 개에게 흥미로운 실험을 했다. 무기력한
개도 긍정적 경험을 반복하면 다시 자신감을 회복한다는 것이
었다. 이 개는 전기가 흐르는데도 피할 생각을 하지 않고 전기
가 흐르는 바닥에 엎드려 가만히 있을 만큼 무기력의 타성에 젖
은 상태였다. 마치 '난 안 돼. 전기 고통은 피할 수 없는 거야.'라
고 생각하고 있는 것처럼 보이는 이 무기력한 개에게 치유 실험

★ Martin E. Seligman 지음 ; 윤진 · 조긍호 옮김(1983) : 『무기력의 심리』 탐구당

을 했다. 실험실 바닥에 전기를 흘린 후에 개가 무기력하게 엎드릴 때마다 목줄을 당겨서 안전한 방으로 옮겨 주었다.

개는 전기가 흐르지 않는 안전한 방으로 피할 수 있다는 사실을 반복해서 경험했다. 그러던 어느 날 놀랍게도 전기 고통을 주었을 때 개는 전과 달리 벌떡 일어나서 안전한 방으로 뛰어 들어갔다. 긍정적 경험을 반복하면 자신감이 회복된다는 것을 보여 주는 실험 결과였다. 인간은 어느 동물보다도 더 학습 능력이 뛰어나다. 따라서 유년기의 부정적 경험을 통해서 형성된 낮은 자존감도 성인기의 성공 경험들을 통해서 높아질 수 있다.

자존감 VS 열등감

🍃 자존감과 열등감은 관점의 문제다

- 자신은 소중하며 어떤 일이든 해낼 수 있다는 자신감을 가진 사람은 자존감이 높다. 반면에 열등감이 있는 사람은 자신을 '나는 못난이야.' '나는 무능해.'라고 믿는다.

- 자존감과 열등감은 외적인 조건의 문제가 아니라 자신을 바라보는 관점의 문제다. 같은 고졸이라도 자존감이 높은 사람은 떳떳하고 당당하지만 열등감을 가진 사람은 수치스럽고 창피하게 여긴다.

🍃 자존감이 높은 사람들의 특징

- 자기 신체에 대한 만족도가 높다. 자신의 눈, 코, 체중을 마음에 들어 한다.

- 남의 감정을 파악하는 공감 능력(EQ)이 높아서 상대방의 평가에 객관적이고 합리적으로 대처할 수 있으며 대인관계가 원만하다.

- 자신감 있고 변화에 잘 대처하는 좋은 리더가 된다. 미래에 대해 희망적이기 때문에 성공 경험도 많이 한다.

🍃 자존감을 회복할 수 있을까?

- 그렇다. 유아기의 부정적 경험을 통해서 형성된 열등감도 바꿀 수 있다. 조건에 상관없이 자신을 좋아해 주고 인정해 주는 경험을 반복하면 낮아진 자존감을 회복할 수 있다.

PART 2

우리 힘으로 어쩔 수
없는 것에 대한 열등감

'못생겨서 사랑받을 자격이 없어'
: 외모 열등감

외모는 내가 선택한 것이 아니고 타고난 것이다. 그런데 우리 사회에서는 예쁘고 날씬한 사람들을 너무 좋아한다. 체격 좋고, 얼굴 예쁘고, 옷차림이 세련된 사람들은 특별 대우를 받는다. 예쁜 아이는 유치원에서도 사랑 받는다. 그래서 외모에 자신 있는 아이들은 어려서부터 자존감이 높다. 뚱뚱하다고 놀림 받고 키가 작다고 무시당한 아이들은 자존감이 낮아질 가능성이 높다.

사람들이 열등감을 느끼게 되는 가장 일반적인 원인은 외모에 대한 것이다. 눈에 대한 열등감이 제일 많고 다음은 코, 여성의 경우 가슴 등의 순이다. P 양의 사례에서 외모 열등감이 어떻게 형성되는지 살펴보자.

예쁜 동생 때문에 외모에 자신감을 잃은 P

의사인 P 양은 요즘 하루하루 불안하고 초조한 나날을 보내고 있다. 그녀에게 최근 좋아하는 남자가 생겼는데 평소 자신의 외모에 자신이 없었던 그녀는 밤에 어두운 데서만 남자를 만났다. 그런데 이번에는 낮에 만날 수밖에 없게 돼 버렸다. 등산을 좋아하는 그 남자와 산에 가게 된 것이다. 그동안 이리저리 핑계를 대고 피해 왔지만 더 이상은 거절할 이유를 찾을 수 없게 되었다. 결국 주말 등산 약속을 하고 말았다. 그녀는 주말이 다가올수록 점점 더 불안해졌다. 환한 햇빛 아래에서 자신의 모습을 보면 남자가 실망하고 도망갈 것 같았다.

그녀는 틈만 나면 화장실에 가서 거울을 보았다. 거무칙칙한 피부에 아직도 남아 있는 여드름 흔적, 좁은 이마와 튀어나온 입, 성형수술의 흔적이 역력한, 균형이 맞지 않게 높은 코, 빈약한 가슴, 어느 한군데 예쁜 구석이 없었다. 자신이 봐도 한심한

데 남들 눈에는 오죽하겠는가.

'그 남자가 분명히 내 모습에 실망할 거야.'

P 양은 어릴 때부터 외모에 대한 열등감이 컸다. 손님들이 집에 왔을 때 인사를 하면 그녀의 인사는 건성으로 받고 모두 두 살 아래의 여동생에게만 관심을 보였다.

"어쩜 그렇게 예쁘게 생겼니?"

사람들은 동생의 빛나는 미모를 칭찬했다. 그리고 동생과 그녀를 번갈아 보며 "언니와 동생이 완전 딴판이네."라고 말했다. 동생과 딴판이라는 말은 곧 자신이 못생겼다는 뜻이었다. 동생은 날씬한데다 피부도 뽀얗고 이목구비가 조각 같았다. 반면에 그녀는 뚱뚱하고 자신이 봐도 예쁜 데라곤 없었다. 동생은 뭘 입어도 맵시가 뛰어난데 자신은 어떤 옷을 입어도 촌스러웠다.

그녀에게는 지금도 잊을 수 없는 일이 있었다. 초등학교 때 부모님이 그녀의 생일 선물로 그녀가 정말 입고 싶어 하던, 어깨에 레이스가 달린 분홍 원피스를 사 주었다. 기뻤다. 백설공주라도 된 듯 좋아서 옷을 갈아입고 거울 앞에 서 있는데 자신을 쳐다보던 어머니가 난감한 표정으로 "너는 얼굴이 검어서 별로 안 어울리는구나. 다른 옷을 사 줄 테니 그 옷은 동생에게 주는

게 어떻겠니?"라고 말했다. 그녀는 싫다고 했지만 결국 그 옷은 동생 차지가 되고 말았다. 그날 밤 그녀는 혼자 서럽게 울었다. 좋은 것은 모두 동생에게 빼앗기는 것 같아 억울했다. 몰래 동생의 예쁜 옷을 훔쳐서 입어 보기도 했지만 결과는 더 초라했다.

P 양은 어떻게 해서든 동생보다 낫다는 소리를 듣고 싶었다. 다행히 동생은 외모에 자신이 있어서인지 공부에 신경을 쓰지 않았다. 동생을 이길 수 있는 것은 오로지 공부였다. 그래서 공부를 열심히 했다. 부모님은 공부 잘하는 그녀를 인정하고 칭찬해 주었다. 그러나 채워지지 않는 불만이 쌓였다. 공부는 노력하면 되지만 외모는 아무리 노력해도 되지 않는 것이었다.

P 양은 의과 대학에 들어갔다. 그러나 열등감은 더 심해졌다. 얼굴이 예쁜 애들은 금세 남자친구들이 생겼다. 남학생들에게 인기도 좋았다. 그러나 남학생들이 그녀에게 접근하는 경우는 무언가 부탁할 일이 있을 때뿐이라는 것을 깨달았다. 아픈 깨달음이었다. 그녀는 그런 남학생들을 속물 취급하며 경멸했다. 외모를 무기로 삼는 여자애들은 '머리 빈 속물들'이라고 무시했다. 그래서 대학 생활 내내 남학생들에게 무관심했고 도도했다. 사실 소개팅을 해도 '상대방이 내 맘에 드는 사람인지' 보다 '이 남자가 나에게 실망하고 있는 것이 아닌가.' 하는 생각이 지배적이

었다. 남성에게 친절할 수 없었고 겉으로 선수를 쳐서 냉정하고 도도하게 굴었다.

'갈 테면 가라. 나는 아쉬울 것 없는 사람이다.'

외모 열등감은 그녀의 생활 구석구석에 영향을 미쳤다. 그녀는 점점 더 완벽을 추구하고 고립되어 갔다. 그녀는 열등감과 고독을 극복하기 위해 일과 성공에 몰두했다. 그리고 유명한 종합병원에서 근무하는 전문의가 되었다. 그러나 직원들간에 그녀의 평은 좋지 않았다. 거만하고 자기만 안다는 것이었다. 이런 평판은 그녀가 거만해서라기보다 열등감 때문이었다. 얼굴 예쁜 환자나 간호사를 보면 왠지 모를 경계심과 적대감이 끓어오르기 때문에 오히려 무시하고 허세를 부리다가 그렇게 되어 버린 것이었다. 그녀도 주변의 이런 분위기를 알았다. 그러나 어찌할 수가 없었다. 허세의 껍질 속에서 그녀는 고독, 열등감과 피해 의식 때문에 괴로웠다.

P 양은 큰맘 먹고 용기를 내서 성형외과를 찾았다. 작은 눈을 키우기 위해 쌍꺼풀 수술을 했고 코도 높였다. 그런데 오히려 이전보다 더 자신감이 없어졌다. 진료실의 환자들이 자신의 코만 쳐다보며 비웃는 것 같았다. 얼굴에 걸맞지 않게 우뚝 솟은 코는 정말 어색하고 꼴불견이었다. 누구를 만나도 머릿속에는 어색

한 눈과 코 생각뿐이었다. 그녀는 점점 소심해졌고 사람들과 눈을 마주치는 것도 피했다. 늘 고개를 숙이고 다녔다. 대인 관계도 꼭 필요한 직업적인 만남 외에는 가지지 않았다. 그나마 교제하던 남성들도 그녀의 주위에서 멀어져 갔다. 성형수술 전보다 상태가 더욱 나빠졌다.

그런데 그녀의 열등감을 더욱 자극하는 일이 생겼다. 그녀가 서른이 넘도록 결혼을 하지 못하자 동생이 기다리다 못해 언니보다 먼저 결혼식을 올리게 된 것이었다. 그녀는 동생의 결혼식장에서 수치심으로 얼굴을 들 수 없었다. 하객들이 "언니는 인물이 못나서 결혼을 못하는 것"이라고 수군거리는 것 같았다. 자신보다 일찍 결혼식을 올린 동생이 밉고 원망스러웠다. 그러나 내색할 수는 없는 일이었다. 그녀는 어쩌면 영영 결혼을 못할지도 모른다는 두려움에 사로잡혔다.

친구나 직장 동료들의 결혼식에 참석할 때마다 신부들은 정말 예뻐 보였다. 질투심이 날 지경이었다. 아리따운 신부 앞에서 환한 표정으로 웃고 있는 신랑들은 마냥 행복해 보였다. 만일 그녀가 드레스를 입고 결혼을 한다면 하객들은 뒤에서 "저 남자는 뭘 보고 저런 여자와 결혼을 할까?"라며 수군거릴 것이라는 상상도 했다.

그러다 최근 부모님의 성화로 마지못해 선을 보게 되었는데 남자도 호감을 표시해 왔다. 그녀를 만나면 마음이 편해진다고 했다. 그녀가 볼수록 귀엽고 예쁘다고도 했다. 난생 처음 듣는 말이었다. 믿어지지 않았지만 그 말을 믿고 싶었다. 그러나 거울에 비친 자신의 얼굴, 특히 코는 너무나 실망스러웠다. 자신감이 사라졌다. 그녀는 하루하루가 불안하고 초조하기만 했다. 남자로부터 버림 받느니 '차라리 포기해 버릴까?'라는 생각도 했다. 어디론가 멀리 도망가 꼭꼭 숨어 버리고 싶었다. 외모에 대한 열등감이 P 양을 초라하게 만들고 있었다.

P 양은 자기 인생을 너무나 단편적인 기준 즉, 외모만 가지고 평가하고 있었다. 이것이 외모 열등감의 함정이다. P 양은 자기가 가지고 있는 강점들을 보지 못했다. 마치 그 부분에 대해서는 장님이 된 듯 했다. 사실 그녀는 환자들 간에 실력 있고 친절한 의사로 인기가 높았다. 닥터 P를 찾는 환자들이 많았다. P 양처럼 마음고생을 많이 하는 사람들은 고생하는 사람들을 보면 깊은 동정심을 느낀다. 흰 가운을 입은 그녀의 모습이 믿음직스럽고 지적인 매력을 풍긴다고 말하는 후배들도 있었다.

그러나 P 양은 그런 말들이 믿어지지 않았다. 오로지 혐오감을 주는 코만 원망스러웠다. P 양이 왜 이러는 걸까? 무의식에서 예쁜 동생에 대한 질투와 패배감에 빠져 있기 때문이다. 동생 만큼 예뻐야 사랑 받을 수 있고 자기 가치를 인정받을 수 있다는 어릴 적 사고방식에 아직도 갇혀 있었기 때문이었다.

이런 사고방식은 외모 하나만 가지고 평가하는 단순 논리에 빠져 있다. 유아기적 사고방식이다. 성숙한 사고방식으로 전환 해야 한다. 어른의 사고방식은 종합적이고 합리적이다. 강점은 강점대로 인정하고 약점은 약점대로 인정하는 사고방식이 성숙 한 것이다. 누구에게나 눈, 코, 입의 모양과 상관없이 매력적인 모습들이 있다. 좋은 인상을 가진 사람이 있고 웃는 모습이 아름 다운 사람도 있다. 자신만의 예쁘고 아름다운 모습이 있음을 발 견하자. 다음에 소개하는 S 부인도 P 양처럼 외모 열등감이 심 했지만 극복한 경우이다.

'고년은 눈이 클 거다'

아마도 정신과 진찰실에서 듣게 되는 환자의 고통 중 가장 흔 한 것이 배우자의 외도 스트레스일 것이다. 남편의 외도 사실을 알게 되면 남편에 대한 신뢰가 무너지기 때문에 고통스럽다. 남편에 대한 신뢰만 무너지는 것이 아니다. 세상 누구도 믿을 수 없게 된다. 심지어 자기 자신의 판단도 믿을 수 없게 된다. 그래서 정신적 혼란이 오고 정신분열증에 빠지는 여성들도 있다. 그런데 이런 스트레스에 유난히 취약한 사람들이 있다. 이분들은 남편의 외도라는 같은 스트레스를 받아도 더 아프게 반응한다. 자존감이 낮은 사람들이다.

S 부인은 30대의 사업가다. 아주 유능한 사업가였는데 벌써 한 달째 일도, 잠도, 식사도 제대로 못한다고 했다. 체중이 5킬로그램이나 빠져서 기력도 없고, 혼자서는 걷지도 못할 정도로 쇠약해졌다. 심한 우울증이었다. 원인은 남편의 외도 때문이었다. 남편도 사업가였는데 술집 여자와 외도를 했다. 한 달 전에 그 사실을 알게 되었고 남편은 용서를 빌었다. S 부인은 '남자가 그럴 수도 있지.'라고 생각하고 용서했다.

그러나 머리로는 용서가 되었지만 마음은 용서되지 않았다. 남편의 퇴근이 늦어지기라도 하면 갖가지 상상이 떠올라 괴로웠다. 남편과 그 여자의 상상이었다. 그러나 사실 그 여자를 한 번도 본 일이 없었다. 날이 갈수록 화는 더 치밀고 마음은 걷잡을 수가 없었다. 남편이 증오스러웠다. 남편이 하는 말마다 거짓말 같고 위선 같아서 믿을 수가 없었다. 남편이 자기를 버릴 것 같아서 두렵기도 했다. 이렇게 두려워하는 자신이 자존심 상하기도 했다. 우울증은 심해지고 음식은 못 먹고 그렇게 체중이 빠졌다. 부인은 기진맥진했다.

나는 S 부인을 매주 한 시간씩 만났다. 그러던 어느 날 부인은 아주 중요한 이야기를 했다.

"교수님, 남편의 외도 사실을 알게 된 날부터 오늘까지 잠시도 제 뇌리를 떠나지 않고 저를 괴롭히는 생각이 있어요."라고 했다.

"그건요… '고년은 눈이 클 거다'예요."

'고년'은 남편이 바람피웠던 술집 여자였다. S 부인은 눈에 대한 열등감이 있었던 것이다.

이 '눈 열등감'은 어릴 때 생겼다. 그녀에겐 세 살 어린 여동생이 있었다. 동생은 언니보다 말도 빨리 배웠고 학교 다닐 때는 공부도 잘했다. 노래도 잘했고, 콩쿠르에 나가서 상도 많이 받아 왔다. 동생은 부모님의 칭찬과 사랑을 독점했다.

지금도 아픈 기억이 있다. 명절에 큰집에 갔는데 할아버지와 삼촌들이 동생에게만 관심을 주었다. 동생을 중심으로 둘러싸고 앉아서 "노래 한 곡 불러 봐라." 하고 박수를 쳤다. 어린 S는 어른들의 등짝만 보고 서 있었다. 초등학교 저학년 때는 이런 일도 있었다. 당시 고등학생이던 삼촌이 동생과 재미나게 놀고 있었다. S가 자기와도 놀아 달라고 삼촌의 팔소매를 잡아당겼다. 삼촌은 팔을 뿌리치며 "넌 재수 없어, 저리 가." 하고 냉정하게 소리쳤다. 이 일을 이야기하면서 30대 중반의 S 부인은 아이처럼 엉엉 울었다. 어린 S는 이렇게 서럽게 소외당했다.

그런데 여동생은 아빠 눈을 닮아 눈이 쌍꺼풀지고 예뻤다. 그에 비해 S 부인은 어머니 눈을 닮았다. 눈이 '와이셔츠 단춧구멍'만 하다고 했다. 내가 보기에는 그렇게 작은 눈이 아니었는데 S 부인은 그렇게 믿고 있었다. 어린 S는 나름대로 결론을 얻었다. '동생은 눈이 예뻐서 사랑받는 거야.' 그리고 마음속에 하나의 공식을 갖게 되었다. '내가 가지고 있는 소중한 것들은 눈 큰 애한테 다 빼앗길 거야. 나는 눈이 작으니까 누구에게도 사랑받을 수 없어….' 합리적인 생각이 아니었지만 이 열등감의 공식이 S 부인을 지배하고 있었다.

고등학교 졸업 후 S는 대학 진학을 포기하고 직업전선에 나섰다. 사업은 성공적이었다. 돈도 꽤 벌었고 결혼도 했다. 친정 부모님께 집도 사 드리고 매달 넉넉한 생활비도 보냈다. 부모님은 매우 고마워하며 "네 덕에 우리가 산다."고 했다. 동생은 박사과정을 하고 있었다. 동생의 학비도 S 부인이 대주었다. 이제 S 부인은 성공한 여류 사업가이며 집안의 기둥이었다. 어릴 때 소외당하던 S가 아니었다. "넌 재수 없어, 저리 가."라고 말했던 삼촌도 S 부인을 무시하지 못했다. 돈 부탁도 여러 번 했다.

그런데 문제는 마음속의 열등감이었다. 열등감에 사로잡힌 마음속의 아이가 문제였다. 그 아이는 자라지 못한 채 과거 속에서 살고 있었다. 그 애는 '나는 눈이 작아서 사랑받을 수 없어. 내가 가지고 있는 특권은 눈 큰 애가 다 가져갈 거야.'라고 믿고 있었다.

남편이 술집 여자와 외도한 사실을 알았을 때 그녀가 가장 궁금했던 것은 그 여자의 눈이었다. 그래서 그 여자를 만나야겠다고 남편에게 주장했다. 처음에 남편은 난색을 표했지만 만날 날짜를 잡아 주었다. 그런데 막상 약속한 날이 다가올수록 불안해지기 시작했다. 약속 하루 전날 약속을 취소해 버렸다. 말로는 "더러운 것을 만날 필요도 없어요."라고 했지만 실은 그녀의 눈이 정말 클까 봐 두려웠다고 했다. 그녀의 눈이 정말 크면 자기는 살 수 없을 것 같다고 했다. '눈 큰 아이에게 사랑을 빼앗길 것이다.'라는 마음의 공식이 확인되는 것을 두려워했던 것이다.

눈 큰 아이는 여동생이었지만 이제는 술집 여자와 동일시되었다. 눈이 작은 그녀는 어릴 때처럼 지금도 소외감의 아픔을 두려워하고 있었다. 이제는 상황이 어릴 때와는 전혀 다른데도….

나는 S 부인의 말을 들으면서 '열등감은 얼마나 위력적인가. 이 젊고 유능한 부인을 이렇게 초라하게 만들 수 있다니….' 하는 생각을 했다. 사실 술집 여자의 눈이 클 수도 있다. 그런데 돈 받고 몸을 파는 술집 여자의 눈이 크다고 해서 왜 S 부인이 그렇게 초라해지는 것일까? 이건 충분히 합리적인가? 부인이 가지고 있는 매력과 장점들과 자존감은 어디로 간 것인가?

여기서 우리는 열등감의 함정을 볼 수 있다. 눈에 대한 열등감을 가진 사람은 오로지 눈만 보인다. 눈이 큰가 작은가가 모든 평가의 기준이 된다. S 부인도 그랬다. 그녀에겐 눈만 보이고 다른 면에 대해서는 장님이 돼 버렸던 것이다. 이건 아이들의 사고방식이다. 전체를 보지 못하고 일부를 가지고 전체를 해석하는 것은 미숙한 사고의 특징이다. 이런 미숙한 생각에 빠지는 이유는 마음속에 살고 있는 '열등감의 아이' 때문이다. 열등감은 미숙한 사고방식의 산물이다. 더구나 열등감에 사로잡힌 사람은 매사를 부정적으로, 절망적으로 해석한다. '나는 버림 받을 거야….' S 부인도 그랬다. 부인이 남편의 외도를 알고 심한 우울증에 빠진 것도 열등감 때문이었다.

　S 부인이나 P 양은 자신을 지배해 왔던 마음속의 '열등감의 아이'를 이해할 필요가 있었다. '눈 큰 아이에게 사랑을 빼앗길 것'이라는 자기 마음속의 공식도 이해할 필요가 있었다. 나는 부인에게 이 점을 설명해 주었다. 부인을 사로잡고 있는 '열등감 아이'의 존재를 확인시켜 주었다. 그 아이가 얼마나 집요하고 위력적인가도 보여 주었다. 물론 주입식으로 강의하듯이 설명하는 것이 아니고 스스로 깨달을 수 있도록 돕는 것이었지만 S 부인은 비교적 진전이 빠른 편이었다. 그녀는 자아가 건강한 사람이라는 생각을 했다.

　갈등이 복잡하지 않고 개방적인 사람들은 내면의 갈등에서 빨리 벗어난다. S 부인은 자기의 내면을 노출하는 용기도 가지고 있었다. S 부인은 세상에는 눈의 크기보다 더 중요한 것들이 많다는 사실도 이해했다. 사실 이것은 뒤늦은 깨달음이었지만 소중한 깨달음이었다. 그리고 자존감이 회복되었다. 이제까지 시시하게만 보였던 자신의 인생이 달리 보이기 시작했다.

　이제는 부모님이 "우리가 네 덕에 산다."라고 말씀하실 때도 전과 달리 기쁘고 마음이 뿌듯해졌다. "엄마는 동생만 예뻐했잖아."라며 농담도 할 수 있게 되었다. 마음속으로는 이런 말도 했

나를 사랑하게 하는 자존감

다. '그래요, 어머니. 당신 딸은 아직 부족하지만 그래도 열심히 살고 있어요.' 언니로서 마음의 자리도 회복했다. 그리고 외도한 남편도 가슴으로 용서할 수 있게 되었다. 그렇게 S 부인의 우울 증은 호전되었다. 체중도 의욕도 회복됐다. 죄책감에 빠졌던 남편도 부인이 회복된 것을 보며 아주 좋아했다. 일반적으로 남편의 외도는 말할 수 없이 큰 스트레스지만 낮은 자존감은 그 스트레스를 증폭시킨다.

외모 열등감을 극복하는 방법

남편의 외도 때문에 우울증에 빠졌던 S 부인의 예에서 우리는 외모 열등감을 해결하는 지혜를 얻을 수 있다. '고년은 눈이 클 거야.' 하고 괴로워했던 S 부인은 자신을 지배해 왔던 마음속의 '열등감의 아이'를 만났다. '눈 큰 아이에게 사랑을 빼앗길 것' 이라는 자기 마음속의 공식도 이해했다. '그 아이가 얼마나 집요하고 위력적인가'도 이해했다. 이런 소중한 깨달음 뒤에 자존감이 회복되었다. 열등감을 가진 사람들의 공통 특성이지만, 외모 열등감을 가진 사람들은 유별나게 타인의 시선을 의식한다. '남들에게 내가 흉하게 보이지 않을까?' 하고 걱정한다.

남의 거울에 비친 나looking-glass self를 나로 착각하지 말자. 세상에는 다양한 거울들이 있다. 깨진 거울도 있고, 찌그러진 거울도 있다. 더러워진 거울도 있다. 이런 거울들은 내 모습을 제대로 보여 줄 수 없다. 거울은 자기 식대로 나를 보여 준다. 그래서 우리 모습을 지나치게 찌그러지고 더러워진 모습으로 보여 줄 수도 있다. 이 모습을 그대로 내 모습이라고 받아들인다면 우리는 자존감을 유지할 수 없다.

어릴 때 당신에게는 아버지 거울, 어머니 거울, 선생님 거울, 친구 거울 등 다양한 거울들이 있었을 것이다. 어릴 때는 비판 능력이 없어서 그 거울들이 가지고 있는 특성을 알지 못했다. 거울이 깨진 것을 보지 못하고 거기에 비친 내 모습이 깨진 것이라고 믿었다. 그래서 비난의 거울, 무관심의 거울, 비교의 거울에 비친 자기 모습을 보고 위축될 수도 있었을 것이다. '나는 관심을 끌 아이가 못 돼. 나는 엄마의 마음에 드는 아이가 아냐.' 그리고 '형에 비해서 나는 무능해.'라는 열등감이 생겼을 수도 있다. 어릴 때는 그럴 수도 있다.

그러나 이제 당신은 남의 거울을 객관적으로 평가할 수 있을 만큼 컸다. 지적인 성인이 되었다. 인간을 전체 상황 속에서 이해할 만큼 어른이 되었다. 어른이 된 이제는 수동적으로 남의 눈치만 보지 말자. 깨진 거울에 비친 깨진 당신의 모습만 보지 말고, 당신을 비추어 주고 있는 거울이 온전한지 아닌지를 평가해 보기 바란다. 나를 평가하는 전권을 남에게 위임할 필요는 없지 않은가? 그렇게 살기에는 우리 인생이 너무나 아깝다.

'교수 집안에서 태어났더라면'
: 집안 열등감

외모에 대한 열등감 못지
않게 힘든 열등감이 '아버지 열등감'이나 '집안 열등감'이다. 교육
을 많이 받고 남들이 부러워하는 직업을 가진 부모나 친척을 둔
사람에게 부러움을 느끼고 가난하고 무식한 가정에서 태어난
것에 대해서 열등감을 느끼는 것이 집안 열등감이다. 이 열등감
에 빠진 사람은 남들에게 자랑할 만한 집안에 태어났더라면 자
신의 처지가 이렇지 않을 것이라고 생각하며 좌절한다. '내가 교
수 집안에서 태어났더라면 오늘 내 인생이 이렇게 되지는 않았
을 것이다.' 남들이 잘된 것이 다 집안이 받쳐 주었기 때문이라

고 생각하며 자신의 처지를 비관한다.

'귀티 난다'는 말을 듣고 싶다

집안에 대해 열등감을 느끼는 C가 있었다. 최근 고등학교 동창인 Y가 전임 교수가 되었다는 소식을 듣고 집안에 대한 열등감이 무섭게 올라왔다. Y는 유학을 마치고 최근 돌아왔다.

C는 시간강사다. 스스로 보따리장수라고 비하한다. 임용에서 탈락할 때마다 '나는 뒤를 봐주는 사람이 없어서 보따리장수 신세를 면치 못하고 있는 거야.'라며 보잘것없는 집안을 원망했다. 하지만 친구 Y는 집안이 좋다. 그래서 금방 전임 자리를 따냈다고 생각했다.

'역시 집안 좋은 놈은 당해 낼 수가 없어. 인맥 좋고 줄 잘 서는 놈들이 성공하는 세상이야.'

Y는 고등학교 때 그와 가장 친하게 지내던 친구였다. Y의 집안은 명문 집안이었다. 그의 부모는 둘 다 교수이고, 친척들 모두 명문 대학 출신에 검사, 회계사, 외교관, 교수, 대기업 임원 등 하나같이 번듯한 직업을 가졌다. 친구 Y의 집에 놀러 가면 집

안 분위기가 따뜻하고 화목했다. 그의 부모님은 교양이 넘치는 분들이었다. 그런 집안에서 태어난 Y가 부러웠다.

C는 가난한 집안의 맏이다. 가난한 부모와 아직도 공부해야 하는 동생들. 가족들은 그가 취직을 해서 돈 벌어 오기를 바라고 있었다. 그런데 현실은 이 학교 저 학교 떠돌아다니는 보따리장수일 뿐이었다.

C는 가난한 것도 모자라 욕하는 아버지, 무식한 아버지가 싫었다. 술만 먹으면 온 동네가 떠나갈 듯 고래고래 소리를 지르는 아버지, 어머니의 울부짖는 소리, 살림 부서지는 소리…. 어릴 때 어머니는 이 집 저 집 다니면서 돈을 빌리러 다녔고, 비 오는 날이면 집에 우산이 없어 남이 내버린 찢어진 비닐우산을 써야만 했다. 어느 날은 술 취한 아버지의 난동을 피해 온 가족이 남의 집 처마 밑에서 밤을 지새운 적도 있었다. 친구들이 자신의 이런 상황을 알까 두려웠다. 친구들이 집에 놀러오겠다고 하면 필사적으로 거절했다. 그의 집은 버스 종점에 있었다. 그러나 학교 갈 때 종점에서 바로 타지 않고 일부러 한두 정거장을 걸어가서 타곤 했다. 종점에 산다는 게 창피했고 혹 집에서 나오다가 아는 친구들이라도 만날까 봐 늘 불안했다.

다행히 C는 외모가 출중한 편이었다. 대학 때 소개팅을 하면 그의 외모에 여자들이 호감을 표시해 왔다. 그러나 그것도 잠시, 집안 앞에서 외모는 힘을 쓰지 못했다. C가 좋아하는 여자들은 모두 친구 Y에게 더 관심을 보였다. 여자들은 외모보다 집안 좋은 남자를 선호한다는 것을 그때 알았다. 여자들은 서로 Y에게 잘 보이려고 했다. 좋은 집안, 좋은 학벌에 여자들은 모두 넘어갔다.

당시 C에게 사귀던 여자친구가 있었다. Y와도 함께 자주 만났다. 그런데 언젠가부터 정작 Y와 여자친구가 더 친하게 지내는 것처럼 보였다. 그러던 어느날 C가 교통사고로 병원에 입원했을 때 두 사람이 함께 병문안을 왔다. 병문안을 와서도 두 사람은 자기들끼리만 이야기하다가 갔다. 갈 때도 둘이 동시에 일어섰다. 병실을 나선 두 사람이 나란히 걸어가는 모습을 창문으로 내다보면서 그는 소외감을 느꼈다. 마음이 쓰렸다. 그리고 여자친구와 헤어졌다.

이후부터 C도 여자들 앞에서 저명인사의 이름을 나열하거나, 얼굴도 본 적 없는 출세한 먼 친척들의 이름을 팔곤 했다. 그리고 그들의 명함을 가지고 다녔다. 어떻게 해서든 자신이 가난한 집, 별 볼일 없는 집안의 아들이라는 사실을 숨기고 싶었다. 그는 집안 좋은 여자와 결혼하고 싶었다. 그러나 집안 좋은 여자들의 부모님은 반드시 부모님의 직업을 물었다. 좋은 집안일수록 가문을 따졌다. 부모님의 직업과 학벌을 물으면 그는 알코올 중독 아버지, 아버지가 진 노름빚에 허덕이며 식당에서 하루 종일 일하는 어머니, 초라한 형제들 이야기를 할 수가 없었다. 그는 결국 집안 좋은 여자와 결혼하기를 포기하고 그럭저럭 평범한 집안의 여자와 결혼했다.

C가 가장 좋아하는 말은 '귀티 난다.'는 말이었다. 누군가로부터 그 말을 들을 때 가장 기뻤다. 그는 외모에 신경을 많이 썼다. 차려입고 나가면 아무도 그가 가난한 집안, 알코올 중독자의 아들이라고 생각하지 못했다. 그래서 그는 간단한 외출 시에도 옷을 잘 차려입고 나간다. 얼굴에는 선크림을 바르고 남성용 화장을 했다. 색소폰도 배우기 시작했다. 그에게 악기 연주는 상류층의 상징처럼 느껴졌다. 그는 색소폰을 불고, 좋은 레스토랑에서 음식을 먹을 때마다 신분이 상승한 것 같아서 기분이 좋아졌다.

그러나 C가 아무리 노력해도 부모, 형제는 바꿀 수 없었다. 여전히 술주정뱅이 아버지와 식당 아줌마인 어머니, 가난에 허덕이는 동생들이 그의 뒤에 있었다. 가난한 집에 형제가 많은 것도 창피했다. 그중 누구 하나 변변히 내놓을 만한 형제도 없었다. 그래서 남들이 가족 관계를 물으면 형제 수를 속이고 그나마 그런대로 사는 세 형제만 소개했다. 그가 가장 질색하는 것은 가족들이 학교로 찾아오는 것이었다.

C는 자신이 아무리 노력해도 늘 제자리걸음이라는 사실에 회의를 느꼈다. 아무 일도 하기 싫었다. Y와 같을 수가 없다는 것을 알면서도 자꾸 비교가 되면서 자신이 초라하게 느껴졌다. 가족들은 꼴도 보기 싫었다. 주위의 출세한 친구들은 모두 부모 잘 만나서 성공한 것이라 여겼다. 그는 모든 것을 별 볼일 없는 집안 탓으로 돌렸다. 자신은 실력이 뛰어난데도 뒤에서 밀어주는 사람이 없어서 출세를 못한다고 생각했다. 그리고 자신 역시 자식에게 결국 별 볼일 없는 집안을 물려줄 것이라는 생각을 하면서 절망감을 느꼈다.

집안 열등감을 극복하는 방법

유년기에 자기를 괴롭혔던 아버지를 용서하고 받아들인 L 박사가 이런 종류의 '아버지 열등감'을 극복하는 길을 보여 주고 있다.

L 박사는 신학 박사다. 그는 어릴 때 아주 가난하고 불행했

다. 가난보다도 그를 더 불행하게 했던 것은 알코올 중독인 아버지였다. 거의 날마다 술에 취해 있었고, 어머니를 때리고 난동을 피워 집안을 공포 분위기로 만들었다. 어린 L에게 가장 고통스러웠던 일은 술심부름이었다. 아버지는 돈도 주지 않고 술을 사 오라고 명령했다. 어쩔 수 없이 주전자를 들고 주막에 갔다. 주막 아줌마에게 차마 술을 달란 말은 못하고 눈치를 보며 문 앞에 오랫동안 서 있었다. 주막 아줌마는 어린 L이 불쌍해서 술을 반 주전자 정도 담아 주었다. 그러면 아버지는 L이 건넨 주전자의 뚜껑을 열어 보고 L에게 고함을 쳤다. "왜 반밖에 없어. 네가 반을 마셨지." 하며 때렸다.

　L은 너무나 억울했다. 아버지를 증오했다. L은 대학에 가고 결혼하고 박사가 될 때까지 아버지와 연을 끊다시피 했다. 홀로 된 아버지는 쓸쓸히 살고 있었다. 어느 날 화가인 부인이 부엌에서 연탄재를 가지고 들어왔다. 그리고 연탄재에다 물감을 섞어 그림을 그렸다. 아주 아름다운 그림이 완성되었다. 그 과정을 지켜보면서 L 박사는 아버지를 생각했다.

　'우리 아버지는 쓸모없는 연탄재 같은 분이었다. 그러나 오늘의 내가 있기 위해서 연탄재 아버지도 필요했구나.'

　L 박사는 곧 아버지에게 전화를 하고 찾아갔다. 그 후 아버지

를 자기 집으로 모셨다고 했다.

내가 30대 때 들었던 감동적인 실화다. L 박사는 '알코올 중독자 아버지'라는 현실을 받아들였다. 그리고 평화를 회복했다. 물론 그가 그럴 수 있었던 것은 그의 인격이 성숙해졌기 때문이다. 그가 심리적으로 어른이 되었기 때문에 현실 수용이 가능했다. L 박사의 마음속에 아직도 아버지의 힘에 짓밟히고 눌린 아이가 이를 갈고 있다면 현실 수용은 불가능했다. 그 아이는 아버지를 생각만 해도 분이 치밀어 오르고 혐오감으로 치가 떨렸을 것이다. 그러나 이제 그는 성인이 되었다. 늙고 힘없는 아버지를 돌볼 수 있을 만큼 마음의 여유가 생긴 어른이 된 것이다.

이렇게 마음속의 아이가 자라면 현실을 수용하기가 쉬워진다. 마음속의 아이가 성인이 되면 현실에 대한 평가도 현실적이 된다. 과거는 과거에게 주고 괴롭지만 현실을 인정한다. 어느 시인의 '새해'라는 시가 생각난다.

'증오와 원망은 원수에게나 주고 나는 새날을 맞으리…'

우리는 부끄러웠던 아버지와 집안을 새롭게 받아들이는 새로운 날을 시작할 수 있다. 집안 열등감을 풀고…. 지금도 나는 가끔 TV에서 성공한 L 박사를 본다.

키와 성기
열등감

외모 열등감 가운데 키에 대한 열등감도 큰 부분을 차지한다. 특히 남자들에겐 치명적인 약점으로 여겨질 수도 있다. W 교수는 꽤 알려진 석학으로 미국 대학에서 교수 생활을 하고 있는 교포였다. 나는 W 교수와 함께 강연회를 다녔다. 그는 유난히 키가 작았지만 그 대신에 목소리가 컸고 좀 잘난 체를 하는 편이었다. 강의 중에 영어를 너무 많이 썼다. 청중 중에 불평하는 이들이 꽤 있어서 여러 번 부탁했지만 여전히 자랑하듯이 영어를 썼다.

그러던 어느 날 한 지방 대학에서 그가 강의를 하게 되었다.

강당에 200여 명의 청중이 모였다. 그런데 그 대학 강단은 신발을 벗고 올라가게 되어 있었다. 나는 먼저 신발을 벗고 올라가 강단의 의자에 앉았다. 그런데 W 교수가 강단 아래서 머뭇거리고 있었다. 한참 동안을 망설이며 서 있던 그가 신발을 벗고 강단에 올라왔다. 내 옆에 앉아 있는 그는 안절부절, 몹시 불안해 보였다. 전처럼 당당하고 청중을 얕보는 듯한 태도는 전혀 찾아볼 수 없었다. '이분이 왜 이러시나?' 그러다 문득 그가 벗어 놓은 신발을 보고 나는 그의 불안을 이해할 수 있었다. 신발창과 뒷굽이 마치 하이힐처럼 높았다. 키를 10센티미터는 속였을 것 같았다.

W 교수는 작은 키에 대한 열등감을 신발로 위장하고 있었다. 신발이 그의 '키 열등감'을 방어해 주고 있었다. 그런데 신발을 벗자 갑옷을 벗은 것처럼 그의 열등감이 드러났다. 무장해제였다. 청중의 반응에 대한 걱정과 수치심이 그를 불안하게 하는 것 같았다. 나는 그에게 "강사님이시니까 신발을 신으시지요."라고 말했다. 그는 엄청 반가워하며 "그래도 돼요?" 했다. 그리고 신발을 신고 돌아와 앉았다. 놀랍게도 그는 금방 안정을 찾았을 뿐 아니라 전같이 거만한 자세로 다리를 꼬고 앉았다.

그는 박사고 미국의 교수이자 인기도 높은 석학이었지만 키에 대한 열등감에서 벗어나지 못하고 있었다. 그의 자존감은 신발이 벗겨지고 키 문제가 건드려지자 여지없이 무너지고 말았다. 이런 현상을 정신의학에서는 콤플렉스^{complex}라 부른다. 어떤 개념이나 상황에 지나친 감정 반응을 일으키는 현상이 콤플렉스다. W 교수는 '키'라는 조건에 지나친 감정 반응을 하고 있었다. '키 콤플렉스'라 할 수 있다.

남성들이 가진 열등감 중 키와 더불어 특히 동양 남성들은 성기의 크기에 대한 열등감이 많다. 한 청년은 자기 성기가 너무 작다고 생각하고 결혼도 포기했다. 여기에는 숨겨진 이유가 있었다. 그의 이름을 K라 하자. K의 성기는 사실은 정상적인 크기였다. 초등학교 때 친구와 공중목욕탕에 갔는데 친구가 K의 성기를 보고 "네 것은 너무 작아서 토끼 것 같다."며 놀렸다. 그 말을 듣고 주변을 보니 어른들의 성기가 눈에 들어왔다. 당연히 자기 것과 비교가 되었다. 그날 이후로 그는 공중목욕탕에 가지 못했다. 공중화장실에서도 옆에 사람이 있으면 긴장해서 오줌이 잘 나오지 않았다. 결혼하면 부인을 불행하게 할 것 같아서 여자는 쳐다보지도 않았다.

K는 병에 걸릴까 봐 두렵다고 했다. 그 이유가 특이했다. 아

파서 수술을 받게 되면 발가벗겨져 수술실에 들어갈 것이다. 그러면 자기의 작은 성기가 노출되고 그걸 수술실의 모든 사람이 볼 것이다. "저것 봐, 저렇게 작은 성기도 있네." 간호사와 의사들이 낄낄거리고 웃을 것이다. 이런 창피한 상상 때문에 병 걸리는 것이 두렵다고 했다. 차라리 수술 받지 않고 죽어 버리는 게 나을 것 같다고 했다. 다행히 K는 용기를 내어 비뇨기과에 갔다. 과학적 검사를 시행한 의사가 성기의 크기도 정상이고 기능도 완벽하다고 말했다. 처음에는 믿지 않았지만 차차 열등감에서 벗어날 수 있었다. 어두운 터널을 빠져나온 기분이라고 했다.

벗겨진 이마에
대한 열등감

　　　　　　　　　　　　내 경험담 한 가지를 말
하고 싶다. 나는 젊어서부터 이마가 벗겨졌는데 벗겨진 이마가
마음에 들지 않고 부끄러웠다. 의과대학에 다닐 때도 까맣게 머
리숱이 많은 사람들을 보면 부러웠다. 그래서 옆머리와 뒷머리
를 길렀다. 그 머리로 이마를 덮었다. 마치 내 이마가 벗겨지지
않은 것처럼 위장(?)했던 것이다. 바람 부는 날은 아주 불편했다.
조심스럽게 덮어 놓은 머리가 바람에 날리면 맨 이마가 갑자기
노출되었기 때문이다. 몹시 당황스러웠다. 그래서 바람 부는 날
이면 머리를 손으로 누르고 다녔다. 그렇게 20여 년을 살았다.

그동안에 정신과 전문의와 의과대학 교수가 되었다. 내가 정신과 의사로서 환자들에게 가장 많이 하는 말이 "현실을 인정하십시오."이다. 현실을 부정하고 회피할 때 노이로제도 생기고 정신 질환도 생기기 때문이다. 정신적으로 쇠약한 사람일수록 현실을 부정하거나 회피한다. 정신과 의사들은 환자가 현실을 인정하고 받아들이면 '아, 많이 좋아졌구나.' 하고 안도한다. 마치 자갈밭 산길을 지나 평지에 나온 기분을 느낀다.

　그런데 어느 날 문득 나 자신이 현실을 인정하지 않고 있다는 것을 발견했다. 내가 '벗겨진 이마'라는 현실을 부정하고 있었다. 환자들에게는 현실을 인정하라고 말하면서 나는 현실을 은폐하고 있었다. 자기모순이었다. 이런 자기모순은 사람의 힘을 빼앗고 자신감을 잃게 한다. 스스로 떳떳하고 당당해야 말에 힘이 생긴다. 나는 현실을 인정하기로 마음을 정했다. 벗겨진 이마를 그대로 노출하기로 마음먹었다.

　우선 화장실에 가서 예행연습을 해보았다. 아무도 모르게 이마를 덮고 있던 머리를 모두 제자리로 돌려보냈다. 넓게 벗겨진 이마가 훤히 드러났다. 깜짝 놀랄 정도였다. 갑자기 수치심이 몰려왔다. 이대로 밖에 나가면 모두들 내 이마만 주목할 것 같았다. "머리 벗겨진 사람은 공짜를 좋아한다던데 이 교수도 공짜를 좋아하겠구먼." 그런 말을 들을 것 같았다. 도저히 그대로 밖에 나갈 수가 없었다. '안 되겠다, 안 되겠어.' 나는 다시 옆머리로 이마를 덮었다. 비로소 좀 안심이 되었다. 부끄럽지만 나의 현실 인정은 실패로 끝났다. 현실 인정이 그렇게 쉬운 것이 아니었다. 열등감을 극복하는 과정에서 많은 사람들이 이런 어려운 고비를 넘는다.

사실 이성적으로 생각하면 참 시시한 일이지만 나로서는 정말 부끄러웠고 엄연한 현실이었다. 남모를 수치심이었다. 그렇게 또 몇 년을 살았다. 바람 부는 날에는 머리를 누르고 벗겨진 이마를 부끄러워하며…. 머리가 난다는 약도 이것저것 많이 시도해 보았다. 약을 바른 후 어느 날 머리에 부드럽고 검은 털이 보송보송 나온 것을 보았다. 반가웠다. 굵은 털이 되기를 기다렸다. 그러나 며칠 뒤에 보니 다 빠져 버리고 하나도 없었다. 그때의 실망스러움과 허무감이라니….

그러다가 어느 날 나는 다시 결심했다. '이럴 이유가 없다. 이마를 내놓고 살자.' 이마를 그대로 노출하고 아내에게 먼저 보여주었다.

"여보, 나 이마 내놓고 살려는데 당신 보기에 어때?"

아내가 나를 격려해 주었다.

"난 당신 이마가 훤하고 좋은데요."

나는 용기를 얻었고 그날부터 벗겨진 이마를 노출하고 살게 되었다. 염려했던 어떤 일도 일어나지 않았다. 오히려 그렇게 편할 수가 없었다. 지금 나는 바람 부는 날 언덕 위에서도 끄떡없다.

한번은 학회를 끝내고 교수들이 단상 앞에서 단체 사진을 찍게 되었다. 카메라맨이 플래시를 들고 사진을 찍으려 하자 내 뒤에 서 있던 친구가 나를 놀렸다.

"여기는 플래시 터트릴 필요 없어. 이 교수 플래시 있으니까…."

내 이마를 가지고 놀리는 말이었다. 모두 폭소를 터트렸다. 나도 웃으며 응수했다. 즐거운 해프닝이었다. 만일 내가 이마를 숨기고 다닐 때 그 농담을 들었다면 어땠을까? 물론 나는 교양 있는 사람이니까 친구와 멱살을 잡고 싸우지는 않았을 것이다. 그러나 은밀히 내 마음속에서 일어나는 수치심과 분노의 파도는 어쩔 수 없었을 것이다. 하지만 현실을 인정하고 벗겨진 이마를 드러낸 나는 친구들과 함께 웃을 수 있었다. 친구가 더 가깝게 느껴졌다.

친구가 나를 조롱한 것도 아니었고, 사실 내 이마가 그렇게 추악한 것도 아니었다. 내가 스스로 내 이마를 그렇게 부끄럽게 보았던 것이다. 나의 관점이 문제였다. 10여 년이 흐른 뒤, 내 이마를 이렇게 부끄럽게 보게 된 이유를 알게 되었다. 샌디에이고에서 정신분석을 받을 때 내 이마에 대한 수수께끼가 풀렸다. 오이디푸스 콤플렉스 때문이었다. 아버지를 이기고 어머니를 차지하려는 소년의 심리가 작용하고 있었다. 나는 이 이야기를 『나를 행복하게 하는 친밀함』(비전과리더십, 2007)에 썼다. 이 부분을 인용해 보겠다.

나는 50대의 나이에 샌디에이고에서 개인 분석을 받았다. 카우치에 누워 매주 다섯 번씩 정통 정신분석을 받았다. 분석이 끝나면 곧바로 체육관에 가서 운동을 했다. 주로 러닝머신 위를 달렸다. 러닝머신 앞에는 큰 거울이 있었다. 어느 날 거울에 비친 내 대머리가 멋져 보였다. 그리고 곧 이어서 내가 내 대머리를 멋지게 본 일이 한 번도 없었다는 생각이 떠올랐다. 오히려 나는 내 대머리를 수치스럽게 생각하고 평생 그것을 가리고 싶어 했다는 사실이 떠올랐다.

다음 날 분석 시간에 그 이야기가 나왔다. 그리고 나는 대머리에 대한 나의 숨겨진 이야기를 발견했다. 내 아버지는 대머리였

다. 나는 11남매 중 아홉째다. 그리고 8명의 아들 중 나만 아버지를 닮아 대머리였다. 어려서부터 나는 아버지를 무능한 사람이라고 생각했다. 어머니는 유능하고 헌신적이었다. 어머니는 늘 "너희 아버지는 무능하다. 융통성도 없고 주변머리도 없어서 만일 내가 아니었다면 너희들은 교육도 받을 수 없었을 것이고 쌀이 떨어져도 모두 굶고 있었을 것이다."라고 말했다. 사실 많은 부분에서 어머니 말씀이 옳았다.

내가 어릴 때 아버지는 이미 중년을 넘은 나이였다. 그리고 어머니가 집안 살림의 주도권을 쥐고 있었다. 이런 현실을 나의 오이디푸스 욕망이 이용했다. 나는 아버지를 제치고 어머니의 관심을 독점하려고 했었다. 나는 아버지를 무능한 사람으로 정의 내려 버렸다. 그래야 오이디푸스 갈등에서 승리자가 될 수 있었기 때문이다. 물론 비의식에서 진행되었기 때문에 나는 그 사실을 분석을 받을 때까지 몰랐다. 그리고 내 나이 50대에 이르러 분석을 받을 때까지 한 번도 무능한 아버지에 대해서 재고해 보지 않았다. 내게 대머리는 아버지를 상징했다. 무능한 아버지가 내 이마에 붙어 있었던 것이다. 나의 대머리 수치심은 이런 비의식적 오이디푸스 갈등에서 나온 것이었다.

그런데 대머리가 멋지게 보이던 그 무렵은 내가 분석 시간에 아버지의 다른 면을 이야기하고 있을 때였다. 자랑스럽고 유능한 아버지의 얘기를 하고 있었다. 아버지가 젊을 때는 그 지방 특산물인 생강을 기차에 싣고 함경도까지 가서 팔았고, 돌아올 때는 돈을 부대로 몇 자루씩 가지고 왔다는 이야기였다. 아버지가 밤중에 돈 부대를 들고 들어오고, 어른들이 둘러앉아 돈을 세는 장면을 형이 보았다는 것이다. 그렇다면 아버지는 유능한 사업가였다.

또한 어머니에게서 들었던 이야기도 생각났다. 아버지는 해방이 되었을 때 우체국장이었다. 해방이 되자 아버지는 주민들이 우체국에 들었던 보험금을 일일이 돌려주었다고 한다. 그때는 해방 직후의 혼란기였고 배우지 못한 주민들은 자신들이 보험을 든 사실조차 모르고 있었다. 경찰도 없고 감독 기관도 없을 때였다. 그래서 우체국장들은 그 당시로서는 엄청난 큰돈을 그냥 착복할 수도 있었다고 했다.

그러나 어머니 말씀대로 융통성 없고 주변머리 없는 내 아버지는 우편배달부 자전거를 타고 땀을 뻘뻘 흘리며 시골길을 달려가서, 집집마다 찾아다니며 일일이 보험금을 돌려주었다. 당시 사회는 혼란하고 11남매나 되는 아이들을 먹이고 가르쳐야 하는 어머니 입장에서는 참으로 답답한 남편이었을 것이다. 그러나 아버지는 정직하고 존경받을 만한 사람이었다. 이런 공무원만 있었다면 나라의 질서가 진작 바로 섰을 것이었다. 그런데도 나는 어머니 말만 듣고 어머니의 의견에 전적으로 동의했다. 그렇게 아버지를 무능한 사람으로 치부했다. 무의식에서 오이디푸스 콤플렉스가 작용하고 있었다.

흥미롭게도 내가 아버지를 현실적으로 보기 시작한 것과 내 대머리가 멋지게 보이던 시점이 일치했다. 오이디푸스 콤플렉스가 풀리는 시점이었다. 대머리 수치심에는 비의식에 내재된 하나의 연결 고리가 숨어 있었다. '대머리 아버지–무능한 아버지–내 대머리–대머리 수치심'이 그것이었다. 그러나 분석 중에 이것이 풀리고 나는 내 대머리를 받아들일 수 있게 되었다. 그 후 대머리 수치심에서 벗어났다.

타고난 조건에 대한 열등감, 마음에 달렸다

여기까지 나는 열등감을 만드는 선천적 조건에 대해서 썼다. 외모, 키, 지능, 집안같이 타고난 조건들 때문에 괴로워하는 열등감. 나의 대머리에 대한 부정적 관점이 유년기 경험에서 만들어진 것과 마찬가지로 자신에 대한 부정적 관점은 대부분 유년기에 만들어진다. 유년기의 어느 날부터 부정적 관점이라는 마음의 색안경을 쓰고 자신을 보게 되는 것이다.

외모 열등감을 가지고 있는 P와 집안 열등감을 가졌던 C의 이야기는 옆에서 이야기를 듣는 사람까지 우울하게 만든다. P

양은 실력을 인정받는 의사이고 전도가 유망한 사람이다. 그리고 이미 한 남자의 관심을 얻고 있다. 그런데 자신의 좋은 상황은 다 접어 두고 눈과 코에만 마음이 **빼앗겨** 있다. C 또한 잘생긴 시간강사, 명강의로 소문났고 예의 바른 젊은이라고 인정받고 있었다. 곧 박사 학위도 받을 것이다. 그러나 그의 시선은 집안 열등감에 꽂혀 있다.

키나 눈 같은 외모는 선천적인 것이다. 아버지나 집안도 우리가 선택한 것이 아니다. 선택의 여지없이 우리에게 주어진 것이다. 낮은 아이큐도 마찬가지로 타고난 것이다. 우리의 노력으로 바꿀 수 없는 조건들이다. 그런데 이런 선천적 조건 때문에 생긴 열등감이 모든 열등감의 60%를 넘는다. 노력해도 바꿀 수 없는 조건 때문에 열등감을 느낀다면 답답한 일이다. 이런 선천적 조건에 대한 열등감을 해결하는 방법은 단 한 가지, 주어진 현실을 받아들이는 것밖에는 없다. 현실 인정이 치료의 시작이다. P가 외모 열등감, C가 집안 열등감에서 벗어나기 위해서는 힘들겠지만 자기가 가진 것을 인정할 필요가 있다. 예컨대 C가 자신에게 이렇게 말할 수 있다면 열등감의 치유가 일어날 것이다.

그래, 이것이 내 집안 배경이다. 부모님은 배우지 못했고, 형제는 많고 가난하다. 나는 의지할 사람도 없다. '누가 조금만 도와주면 내 인생이 편해질 텐데….'라는 생각이 간절할 때가 많았다. 불행히도 내게는 그렇게 의지할 배경이 없다. 그러나 그 덕에 나는 지금까지 나 혼자서, 내 두 발로 섰고 보다 독립적이 되었다. 그래서 지금 나는 감히 '내 인생은 내 작품'이라고 자신 있게 말할 수 있다. 앞으로 내 인생이 어떻게 전개될지 나는 모른다. 그러나 나는 매일매일 내 인생을 사랑할 것이고 내 두 손으로 정성스럽게 만들어 갈 것이다. 사실 아버지도, 형제들도, 가난도 모두 부족하지만 오늘의 나라는 작품을 만들기 위해서 필요했던 재료들이다. 그렇게 생각하면 나의 집안도 감사한 마음으로 받아들일 수 있다.

그러나 마음에 들지 않는 현실을 인정하기가 말처럼 그렇게 쉽지 않다. 대머리를 드러냈다가 다시 덮은 내 경험을 보아도 그렇다. 현실을 인정하는 데는 용기도 필요하고 꾸준한 자기 성찰도 필요하다. 아울러 아주 중요한 것이 세상을 바라보는 패러다임의 변화이다.

잘생기고 예쁘고 싶은 이유는 무엇인지, 집안이 좋고자 하는 이유는 무엇인지를 생각해 보자. 결국 남보다 잘나 보이고 싶기 때문이다. 다른 사람과 비교하여 우위에 서고 싶은 마음이 있기 때문이다. 열등감을 느끼는 그 부분에서 우월감을 느끼고 싶고 다른 사람의 부러움을 사고 싶은 마음이 작용하고 있다. 그러나 더 예쁘고 더 집안이 좋다고 더 행복한 것은 아니다. 자신을 알고 사랑하고 다른 사람들도 인정하며 사는 삶이 행복한 삶이다. 그러기 위해서는 마음의 패러다임을 바꿔야 한다. 예컨대 '내가 남들보다 더 잘날 필요는 없다. 나는 나에게 주어진 인생을 내 나름대로 살 뿐이다.' 이렇게 마음먹는 것이다.

선천적 조건에 대한 열등감,
어떻게 극복할 수 있을까?

외모, 키, 집안, 지능 등은 내가 선택한 것이 아니라 타고난 것이다. 우리의 노력으로 바꿀 수 없는 선천적 조건 때문에 생긴 열등감이 모든 열등감의 60%를 넘는다. 이런 선천적 조건에 대한 열등감을 해결하는 첫 단추는 조건이 썩 마음에 들지는 않지만 그것이 나를 이루고 있음을 인정하는 것이다.

🍃 외모 열등감

외모 열등감은 주로 다른 사람의 평가에 의해 생기는 경우가 많다. 당신을 비난하거나 무관심하게 대하거나 남과 비교하는 말을 들었을 때 그것에 휘둘리지 말자. 그런 평가를 하는 타인도 완전한 자가 아니다. 누구에게나 웃는 모습이나 표정 등 예쁘고 아름다운 모습이 있다. 그 모습을 발견해 보자.

🍃 집안 열등감

무식하고 가난한 아버지, 불행한 집안에 대한 열등감을 극복하려면 자신의 불행했던 과거를 다른 시선으로 볼 수 있어야한다. 어려운 현실이 현재의 자신이 되기까지 긍정적인 요소로 작용했음을 기억하며 감사하는 마음을 가진다.

🍃 키와 성기 열등감

남자들에게 치명적인 약점으로 여겨질 수 있는 키와 성기에 대한 열등감은 남과의 비교의식에서 비롯되는 경우가 많다. 다른 사람보다 잘나고 멋지지 않아도 만족스럽게 살수 있다.

🍃 벗겨진 이마에 대한 열등감

벗겨진 이마 자체는 추악한 것이 아니다. 스스로 자신의 벗겨진 이마를 부끄럽게 여기는 관점이 문제다. 용기가 나지 않는다면 아내나 가족에게 먼저 노출을 한 뒤 격려와 지지를 받아보자.

PART 3
과거의 경험 때문에
생기는 열등감

'아무리 노력해도 이거밖에 안 돼'
: 능력과 열등감

'나는 무능해.' '나는 승진도 못하고 항상 이 모양이야.' '대졸 정도는 돼야 사람대접을 받을 텐데 나는 고졸이야. 사람들이 나를 무시할 거야.'

학생들은 성적이 올라갈 때 자존감을 느낀다. 직장인들은 연봉이 높아질 때 자신감이 생긴다. 능력에 의한 자존감은 객관적이고 가시적인 성공을 이룰 때 얻는 자존감이다. 이런 자존감은 남들이 보기에 성공을 했다고 생각될 때만 유지된다. 눈에 보이는 성공을 이룰 때 '나는 쓸모 있는 사람이구나.' 하는 자기 가치감self-worth을 느낄 수 있다. 이런 자기 가치감은 연봉이 떨어지거나, 대학 입시에 떨어졌을 때는 허무하게 무너지고 만다. 자존감의 근거를 능력에다 두는 사람들의 문제는 능력이 감퇴되었거나 경쟁자에게 추월당했을 때 자신을 무가치하게 보는 데 있다. 여기에는 심리적 배경이 깔려 있다.

유능한 부하 직원에게 주눅 드는 M

평소 자신의 능력에 대해 열등감을 느끼는 사람이 있었다. 이름을 M이라 하자. 그는 국내 유명 제약회사의 임원이었는데도 늘 자신과 남을 비교하면서 열등감을 느끼곤 했다. 그가 최근 가장 큰 열등감을 느낄 때는 자기의 직속 부하 직원인 S를 대할 때였다.

어느 날 아침 회의를 마치고 돌아온 M은 시기심과 분노로 부글부글 끓었다. 임원 회의에서 자신이 낸 의견이 거부당하고 S의 의견이 받아들여졌기 때문이다. S는 6개월 전에 해외 근무를 마치고 돌아왔다. 그가 M의 시기심을 자극한 것은 사장이 S와 해외 출장을 다녀온 뒤부터였다. 사장은 독일어 실력이 뛰어난 S와 함께 독일 출장을 다녀온 이후 M을 거치지 않고 직접 S를 불러 지시를 하는 것 같았다. 그래서인지 자기를 대하는 S의 태도도 전과 달랐다. 건방지게 느껴졌다.

M은 그날 종일 일이 손에 잡히지 않았다. S가 제안한 아이디어는 회사의 입장에서는 창조적이고 좋은 의견이었지만 M은 인정하기 싫었다. 샘이 났다. 그러면서 동시에 부러웠다. 20년이나 이 분야에 종사해 왔는데 왜 그런 생각을 못했는지 한심스러웠다. 다시 한번 자신의 능력의 한계를 느꼈다.

'역시 난 아무리 노력해도 이거밖에 안 돼.'

자신은 수준 미달이라는 느낌이 들었다. 자꾸 S가 생각났고 그럴수록 자신이 더 무능해 보였다. 다른 직원들이 자꾸 자신과 S를 비교하는 것 같았다. 아니라는 것을 알면서도 그런 생각을 떨쳐 버릴 수 없었다. 이렇게 열등감을 느끼는 것은 S가 처음은 아니었다. 사실 M은 전에도 여러 번 이런 일이 있었다. 설득력 있는 사람을 봐도 열등감을 느꼈고, 하다못해 유머 감각이 뛰어난 사람을 만나도 자신은 머리가 나빠서 유머 감각이 없다고 열등감을 느꼈다.

M에겐 어린 시절 비교당한 아픔이 있었다. 외삼촌의 사업이 망하면서 동갑내기 외사촌이 일 년간 그의 집에 와서 살게 되었

다. 고등학생 때 일이었다. 외사촌은 근면한 아이였다. 친척 집이라 조심스러웠는지 일찍 일어나서 방 청소도 하고 집안일도 잘 거들어 주는 등 부지런하게 굴었다. 부모님은 외사촌을 입이 닳도록 칭찬했다. 뿐만 아니라 선생님이며 친구들도 그를 좋아했다. 어느새 그는 학교뿐만 아니라 집에서도 M을 압도하는 듯했다. 나란히 앉아서 같은 시간을 공부해도 사촌은 거의 항상 반에서 일등을 했다. 그는 외사촌을 따라갈 수 없었다. 그때마다 아버지는 "똑같은 밥 먹고 똑같이 공부를 해도 너는 왜 그 모양이냐. 네 외사촌 반만 따라가 봐라."고 야단쳤다. M으로서는 자존심 상하는 말이었다.

"굴러 온 돌이 박힌 돌을 뽑아낸다."는 속담처럼 주객이 전도되었다. 마치 외사촌이 주인 같았다. 자기가 남의 집에 사는 기분이었다. 서럽고 외롭고 비참했다. 자기를 이렇게 비참하게 만드는 외사촌이 저주스러웠다. 그러나 어머니는 외사촌을 싸고돌았다. '불쌍하고 착한 애'를 험담한다고 오히려 M을 책망했다. 자기 동생인 외삼촌에 대한 동정심도 작용하고 있었다. 이런 갈등 속에서 M은 공부를 할 수가 없었다. 성적은 점점 더 떨어지고 상황은 더욱더 악화되었다.

외사촌은 일류 대학에 진학했지만 M은 전문 대학에 들어갔다. 전문대 진학이 결코 수치스러운 일이 아님에도 외사촌에 대한 열등감으로 그는 수치심을 느꼈다. 외사촌과 관련된 경험은 M에게 큰 상처가 되었다. 그리고 능력에 대한 열등감으로 자리 잡았다.

'세상은 유능한 사람들의 것이다. 무능하면 설 땅이 없다. 부모까지도 능력 있는 놈 편이 된다.'

M은 전문대를 졸업하고 후에 4년제 대학으로 편입했지만 여전히 커다란 콤플렉스로 작용했다. 전문 대학을 다니는 2년 동안 그는 열등감에 시달렸다. 당시 집에서 버스를 타고 학교까지 가는 데 대학교가 3개가 있었다. 가장 먼저 있는 대학이 최고의 대학인 A대학이었고 두 번째는 명문대 B대학이었다. 그리고 종점에 그가 다니는 전문대가 있었다. A대학 앞에서 학생들이 내리고, 그 다음 B대학 앞에서 학생들이 내리고 나면 남는 사람들은 전문대 학생들뿐이었다. 명문대 학생들이 다 내리고 난 버스에 남았을 때의 그 기분이란 참으로 참담했다. 패잔병들…. 버스 기사도 자기를 전문대 학생이라고 무시하는 것 같았다. 그는 편입을 결심했다. 이를 악물고 공부해서 A대학에 편입하는 데 성공했다.

'아, 나도 할 수 있구나.'

그러나 그 기쁨도 잠시, 머리 좋고 유능한 A대학 학생들이 자기를 전문대에서 편입해 온 학생이라고 무시하는 것 같았다. 무언가 넘을 수 없는 벽을 느꼈다. 귀족 사회에 들어온 천민같은 느낌이었다. 지도 교수도 은근히 자기를 무시하는 것 같았다. 그런 생각 때문에 괴로웠지만 열심히 공부했고 마침내 대학을 졸업했다.

졸업 후 국내 굴지의 제약회사에 취직했다. 열심히 일한 덕에 회사에서 인정을 받아 임원도 되었다. 그러나 여전히 자신에겐 전문대 출신이라는 꼬리표가 따라붙는 것 같았다. 그는 스스로 자신의 능력에 한계를 느꼈다. 자기는 아무리 노력해도 역시 최고가 아니고, 일류가 될 수 없다는 생각이 들었다. 부하 직원이라도 해외 유학파나 명문대 출신 박사들 앞에서는 왠지 주눅이 들었다. 그러면서도 그들 앞에서 "박사가 뭐 별거냐, 요즘 널린 게 박사야."라고 허세를 부렸다.

M은 '나도 명문대 출신인데 왜 이런 기분이 드는 걸까?' 자기 마음을 이해할 수 없었다. 심리적 현실을 이야기한다면 외사촌에 대한 열등감이 그의 심층 심리에서 작용하고 있었다. 모든 대인 관계를 외사촌과 연관 지어 해석하고 있었다. 유능한 승리자

인 외사촌과 무능한 패배자인 M의 관계였다. 정신분석에서는 '내적 대상관계internal object relations'라고 한다. 유년기에 어떤 패턴의 인간관계가 마음 깊은 곳에 새겨지면 그 후 자기도 모르게 이런 패턴의 인간관계를 반복해서 만들어 낸다.

M과 사촌의 경우는 '유능한 승리자'와 '무능한 패배자'의 관계였다. 일류 대학과 전문 대학이 문제 되는 것은 아니었다. M은 이미 마음속에서 자신을 무능한 패배자의 자리에 두고 있었다. '유능한 외사촌에 비해서 나는 무능한 패배자다. 모두 나를 무시할 것이다. 모두들 외사촌에게만 박수를 보낼 것이다.'

M이 S에 대해 느끼는 열등감도 그렇다. S가 마음속에서 '승리자인 외사촌'이 되어 있었다. 어느 날 S가 결재 서류를 가지고 왔다. 그는 자신의 속마음과 달리 "나는 그런 일까지 신경 쓰고 싶지 않으니 나를 거치지 말고 직접 사장님께 보고 드리게."라고 말했다. 그러자 그 후 S는 M을 거치지 않고 사장실로 직행했다. 그걸 볼 때마다 속에서 불이 나는 것 같았다. 스태프 회의에서도 M은 S가 새로운 안건을 내놓을 때마다 반대하고 묵살했다. S가 하는 짓은 무엇이든 싫었다. S의 성격도 싫었다.

M의 직장 생활은 긴장의 연속이었다. 남들은 눈치 못 채고 있었지만 그는 자신의 무능이 드러나면 언제든 회사에서 쫓겨날

것이라는 불안감에 시달렸다. 그래서 윗사람에게 인정받지 못할 때 몹시 불안했다. 뭔가 일을 하고 있지 않으면 왠지 불안했다. 유능한 부하 직원을 보면 마음이 편치 않았다. 모두 경쟁자들로 보였기 때문이다. 특히 윗사람에게 잘 보이려는 직원에게는 혐오감을 넘어서 증오심까지 느꼈다. M 자신이 생각해도 좀 지나친 감정이었다. 직장에서 그는 소외감을 느꼈고 고독했다.

M은 어투도 늘 부정적이었다. 예컨대 "○○은 머리는 좋은데 인간성이 형편없어." "○○은 말만 많지 깊이가 없어." "○○은 돈 보고 결혼한 거야. 돈 보고 한 결혼이 오래가겠어? 얼마 못 가 분명히 깨질 거야!"라고 말하기 일쑤였다.

잘난 사람을 보면 어떻게 해서든 흠을 잡았다. 매사 모든 걸 삐딱하게 보고 흠을 잡으니 주위 사람들이 그를 좋아할 리 없었다. 사람들도 점점 그를 피하고 싶어했다. 그 역시 그런 자신이 싫으면서도 어쩔 수가 없었다.

능력 열등감을 극복하는 방법

M을 불행하게 하는 것은 무엇일까? 자기 능력에 대한 열등

감이다. 그런데 그 열등감의 심층에는 외사촌에 대한 패배 의식
이 숨어 있었다. 이미 20여 년 전에 끝난 싸움인데 아직도 비의
식에서는 엄연한 현실로, 심리적 현실로 작용하고 있었다. 직장
에서 현실 생활 속에서 M은 문득문득 승리자 외사촌을 만나고
있었다. S일 때도 있었고 다른 직장 동료일 때도 있었다. 그리고
그때마다 M은 패배자의 아픔과 분노를 느끼며 살고 있었다.

　M과 같은 경험을 하는 직장인들이 많다. 잘나가는 동료 때문
에 분통이 터지는 직장인들이다. 잘나가는 동료에 비해서 자신
이 너무 못나고 무능력하게 보여서 괴롭다. 이런 이들은 조용히
자신을 성찰하고 분석해 볼 필요가 있다. 유년기에 패배의 경험
은 없었는지, 내 생애에 M의 경우와 같은 '외사촌'은 없었는지?
유년기의 패배 경험이 현재의 상황을 더 비극적으로 만드는 경
우가 많기 때문이다.

　사실 전능한 사람은 없다. 경쟁에서 늘 이길 수도 없다. 살다
보면 지는 게임도 있게 마련이다. 그러나 건강한 직장인은 나름
대로 부족한 부분을 인정하고 그 부족한 부분을 노력으로 채우
며 산다. 완벽하지는 않지만 그래도 자존감을 유지하며 산다.
그것이 건강한 인생이다.

'가난해서 결혼도 못하겠네'
: 가난과 열등감

　　　　　　　　　부자들은 자존감을 느낀
다. 돈은 힘이 될 수 있기 때문이다. 돈으로 할 수 있는 일이 아
주 많다. 반대로 가난한 사람들은 열등감을 느낀다. 가난하고
초라한 자신을 보면 자존심이 상한다. 고급 스포츠카를 탄 친구
앞에서 20대 청년은 열등감을 느낄 수도 있다. 요즘은 초등학생
들도 돈을 최고로 친다고 한다. 가난하다는 것은 불편할 뿐인데
수치심과 열등감을 느끼는 경우도 많다. 가난 열등감에 시달리
는 A 양의 이야기를 들어 보자.

명품 핸드백 하나 갖고 싶다

　가난에 대해 열등감을 느끼는 여대생이 있었다. 그녀의 이름을 A라 하자. A는 여름방학이 끝나고 개강이 다가오자 우울해지기 시작했다. 친구들을 만날 생각을 하니 차라리 학교를 그만두고 싶은 생각마저 들었다. 공부 대신 돈을 벌어 마음껏 예쁜 옷과 가방을 사고 싶었다. 특히 같은 과의 부자 친구인 B 때문이었다.

　B는 방학이면 어학연수라는 명목으로 해외여행을 다녀왔다. 그리고 개강을 하면 어김없이 쇼핑한 물건들에 대해 자랑을 늘어놓았다. 면세점에서 사 온 명품 가방과 화장품 이야기가 대부분이었다. 친구가 외국에서 사 온 옷과 구두, 핸드백, 액세서리 등을 전리품처럼 자랑스럽게 걸치고 다니는 것을 볼 때마다 A는 자신이 초라하게 느껴졌다. 그녀에게 해외여행이나 명품 핸드백은 꿈도 꿀 수 없는 일이었다. 뿐만 아니라 운전면허도 없는 A는 친구의 빨간 외제차를 얻어 탈 때마다 주눅이 드는 기분이었다.

　사실 대학에 들어오기 전까지만 해도 그녀는 자신이 가난하다는 것을 느끼지 못했다. 고등학교 때까지 공부에만 집중했고 또 늘 변두리 동네에서만 살았기 때문에 모두 다 그렇게 사는 줄로만 알았다. 비록 경제적으로 넉넉하지는 않았지만 부모님의 사랑도 듬뿍 받고 자란 터라 그다지 부족함을 느끼지 못했다. 그러나 대학에 들어오고 나서 다른 세상이 있다는 것을 알게 되었다. 고급 레스토랑, 비싼 커피숍, 고급 미용실, 친구를 따라 가본 곳은 그녀가 이제껏 보던 세상과는 딴판이었다. 비로소 자신의 집이 가난하다는 것을 알았다. 속상하고 괴로웠다.

A는 명품을 걸치고 다니는 아이들을 보면 "학생이 너무 사치하는 거다."라고 말했다. 그러나 속으로는 자신도 그렇게 예쁘게 꾸미고 싶었고 옷도 자주 바꿔 입고 싶었다. 그리고 그렇게 못하는 현실에 화가 나서 미칠 것 같았다. 가난한 부모가 원망스러웠다. 집에서는 부모와 형제들에게 화를 내고 신경질을 부렸다. 그녀는 고등학교 때 공부를 잘했고, 대학도 장학생으로 들어갔다. 외모나 능력으로 보면 친구들보다 떨어질 것이 없었다. 그러나 돈이 없다는 것 때문에 자신이 초라해지는 것이 억울했다.

그러나 그녀는 마음을 고쳐먹었다.

'가난은 내가 어찌할 수 없는 것이다. 그러나 공부는 해볼 수 있겠다. 그래, 내가 할 수 있는 것에 승부를 걸자.'

그리고 A는 친구들 몰래 공부를 했다. 화려한 옷과 신발, 미

팅에는 눈을 감았다. 악착같이 공부를 했다. 효과가 나타나기
시작했다. 성적은 오르고 장학금도 나오고 교수님들의 관심이 A
에게 모아졌다. 친구들의 대우도 달라졌다. 과에서 '공부 잘하는
아이'로 분류되었다. 감히 A를 무시하는 사람들은 없었다. 비록
가난했어도…. 대학 생활은 이렇게 마치고 졸업을 했다.

문제는 그 후였다. 취업이 어려웠다. 부유한 친구 B는 부모님
덕에 졸업하자마자 좋은 자리를 잡았지만 A는 졸업 후 1년을 백
수로 초조한 세월을 보내야 했다. 가난한 부모님을 뵐 면목도 없
었다. 이력서도 100여 통을 썼다. '누구는 저렇게 쉽게 취업을
잘도 하는데 나는 이게 뭔가(?)' 억울했다. 그래도 악전고투 끝에
겨우 취업이 됐다.

그리고 회사에서 남자친구도 만났다. 서로 호감도 갖게 되었
다. 만나면 얘기도 잘 통하고 취향도 비슷했다. 남자는 옷도 세
련되게 입고 다녔고 차도 있었다. 잘은 모르지만 꽤 잘사는 것
같았다.

A는 새로운 고민이 생겼다. 자신이 가난한 집 딸인 것을 알게
되면 남자친구가 자신을 싫어할 것 같았다. 자신이 자신의 가난
을 싫어하듯 그도 그럴 것이라 생각했다. 그래서 만날 때마다 자
신이 부잣집 딸인 것처럼 행동했다. 딱 한 번 가 본 압구정동, 청

담동 등지의 유명한 식당을 자주 다니는 것처럼 말했다. 명품을 사지 않는 이유는 사치하는 것을 싫어하기 때문이라고 말했다. 어느 날 남자가 그녀를 바래다주겠다고 했다. 그녀는 한사코 사양했다. 초라한 자기 집을 보여 주고 싶지 않았던 것이다. A는 이 남자가 좋았다. 하지만 더 가까워지는 것이 두려웠다. 자신의 가난이 드러나는 것이 두려워서…. 이제는 더 이상 있는 체하기도 힘들었다. 그래서 남자가 자신을 싫어한다고 말하는 상황이 벌어지기 전에 헤어져야겠다는 생각도 하고 있었다.

A의 입장이 되어 본 사람들은 금방 공감할 것이다. 부자 친구 B는 한자리에서 수십만 원을 쓰고 빨간 외제 차를 타고 다니는데 A는 속으로 일주일 용돈을 생각하며 버스비를 계산해야 한다. 자존심이 상하게도 됐다. 그러나 A는 B에게 주눅 들지 않고 당당하게 이렇게 말했어야 했다. "난 네가 사 주는 비싼 커피가 불편해. 늘 신세지는 것 같아서…. 그렇다고 내가 한턱낼 수도 없고. 우리 아버지는 네 아버지처럼 부자 아버지가 아니거든. 우리 이제부터 자판기 커피로 만족하자."라고 말했어야 했다.

B와 A의 차이는 부자 아버지를 둔 딸과 가난한 아버지를 둔 딸의 차이일 뿐이다. 경제적 차이가 인간의 격차는 아니다. A는 이것을 인간의 격차로 이해하고 주눅 들어 버렸다. 그리고 자존

감을 지킬 말을 할 타이밍을 놓치고 말았다. 이것이 문제의 시발이었다. B 앞에서 생긴 열등감이 졸업 후 이성 관계에서도 계속 영향을 미치고 있었다.

가난 열등감을 극복하는 방법

A는 자신의 과거에서 한 가지를 배울 필요가 있다. 예컨대 대학생활 때 A는 가난한 현실을 인정하고 자신에게 이렇게 말했다. '가난은 내가 어찌할 수 없는 것이다. 그러나 나는 공부를 잘할 수 있다. 내가 할 수 있는 것에 승부를 걸자.'고. 아주 훌륭했다. 사람마다 자기가 잘할 수 있는 것이 있다. 이것을 탤런트 혹은 달란트라고 한다. 소질이나 잠재 능력이라고도 한다.

남이 가진 재산이나 탤런트를 부러워하고 좌절감을 느끼는 것이 열등감이다. 반면에 자기 탤런트를 개발하고 키우는 것이 효과적인 열등감 극복법이다. "남의 손의 사과는 더 붉게 보인다."는 속담도 있다. 그러나 내 손 안에 있는 사과의 가치를 소중하게 생각하고 키우는 사람은 높은 자존감을 유지할 수 있다. 오늘 자신의 손을 들여다보자. 내 손 안에 있는 탤런트는 무엇인가? 내가 지금 할 수 있는 것은 무엇인가?

또한 이루어야할 목표가 있는 사람은 명품이나 비싼 커피숍에 마음이 빼앗기지 않는다. 목표를 이룰 방법을 찾고 준비를 하느라 바쁘기 때문이다. 인생의 목표를 정하고 이것에 몰두하는 것도 열등감 극복의 좋은 방법이다.

목표를 달성하는 자기 성취의 경험은 강한 치유의 효과를 보인다. 앞에서 소개한 무기력에 빠진 개 실험에서 확인된 것이다. 전기 고통을 절망으로 인식하고 주저앉아 버렸던 개를 반복해서 안전한 방으로 피하게 하자 결국엔 스스로 일어나 안전한 방으로 피했다. 자기 성취와 극복을 반복해서 경험하다 보면 치유가 일어나게 돼있다. 그것이 자존감을 높여 준다.

'내가 고졸이라서 무시하나?'
: 학벌 열등감

우리 사회에서는 학벌도 하나의 지위가 되었다. 사람들은 학벌이 좋을 때 자존감을 느낀다. 특히 한국인들은 학벌에 큰 가치를 둔다.

'내가 고졸인 것을 어떻게 알았지?'

학벌에 대한 열등감이 심한 40대 부인이 있었다. E 부인이라 하자. E 부인은 고졸이었다. 사람들이 자기의 학력을 알면 무시할 것 같았다. 부인은 재산이 많아서 비싼 아파트에서 살고 있었고 책도 많이 읽어서 어휘 구사도 아주 지적이었다. 남편과 자식들도 자랑할 만했다. 그런데 문제는 학벌이었다. 어느 날 남편 직장 동료들의 부부 모임에 갔는데 우연히 부인들이 대학 시절 이야기를 했다. 부인은 자기 학력이 탄로 날까 봐 속으로 전전긍긍했다.

남편 역시 고졸인 자신을 창피하게 여기는 것 같았다. 얼마 전에도 부부 모임이 있었는데 남편이 자신에게 알리지 않고 혼자 참석했다는 것을 그날 알게 되었다. 남편은 고졸인 자신을 데리고 다니는 게 창피한 것 같았다. 직장 동료들의 부부 모임에서 돌아오는 길에 E 부인은 몹시 짜증이 났다. 그런 모임이라면 다시는 가지 않겠다고 결심했다. 그래도 마음은 풀리지 않고 우울함과 무기력증에 빠졌다. 이후 그녀는 거의 일주일을 잠도 못 자고 부대꼈다고 했다.

어느 날 E 부인은 불과 한 시간 만에 세 번이나 자존심이 상하는 경험을 했다. 시장에 가려고 관리사무소 앞을 지나가고 있었다. 관리소장이 어떤 젊은 여성과 이야기를 나누고 있었다. 새로 이사 온 사람 같았다. 그런데 그 여성이 예쁘고 지적이고 아주 세련되어서 물어볼 것도 없이 대졸로 보였다. 그녀는 갑자기 마음이 위축되었다. 대졸 앞에 선 고졸이었다. 마치 여왕 앞에 선 시녀라도 된 듯한 기분이었다. E 부인은 관리소장에게 "안녕하세요." 하고 인사했지만 소장은 인사를 받는 둥 마는 둥 했다.

자존심이 팍 상했다. '내가 고졸이라서 인사도 안 받는구나!'라고 생각했다. 그리고 그런 대우를 받고 사는 자신이 싫었다. 소장에게도 화가 났다.

'지가 뭐라고 나를 무시하는 거야?'

그러나 한편 생각해 보면 관리소장이 E 부인의 학벌을 알 리가 없었다. 자기 혼자 하는 생각일 뿐이었다. 비현실적인 생각이었다. 인간에게는 두 개의 현실이 있다. 하나는 실제적 현실actual reality이다. 객관적 현실이다. 관리소장이 부인이 고졸이라는 사실을 모른다는 것이 실제 현실이다.

다른 하나는 심리적 현실psychic reality이다. 마음이 만들어 낸 주관적 현실이다. E 부인에겐 관리소장에게 자신의 학력 때문에 무시당하고 있는 것이 심리적 현실이다. 아무런 현실적 근거도 없이 말이다. 그런데 사람의 마음을 지배하는 것은 실제적 현실이 아니고 심리적 현실이다. 그래서 부인은 근거 없는 줄 알면서도 무시당한 사람처럼 상처 받고 있었다.

부인은 시장에 도착하여 과일 가게에 들어갔다. 과일을 고르고 있는데 젊은 점원이 화를 내며 "과일 주무르지 마세요. 그렇게 주물러 놓으면 과일을 팔 수가 없어요."라고 퉁명스럽게 말했다. 그 순간 부인에게 떠오른 생각과 감정이 있었다.

'아니, 손님에게 이렇게 불손하게 말하다니…. 내가 대졸만 되었어도 이런 대접은 받지 않을 텐데…. 창피하다. 그런데 내가 고졸인 것을 어떻게 알았지?'

사실 부인은 점원이 부인의 학벌을 알 리가 없다는 것을 잘 안다. 그러나 심리적 현실은 어느새 학벌 열등감에 도달해 있었다. 거의 자동적으로 일어나는 심리 반응이었다. 이런 반응을 정신의학에서는 자동적 사고automatic thought라고 한다. 화가 나서 과일 가게에서 당장에 나오고 싶었지만 점원의 눈치가 보여서 그러지도 못하고 과일을 몇 개 사들고 나왔다. 이런 자신이 비굴해 보여서 싫었다.

그리고 얼마 후 E 부인은 시장 앞에서 짐을 들고 택시를 기다리고 있었다. 빈 택시가 왔다. 그런데 택시 기사가 부인을 보더니 멈추지 않고 지나가 버렸다. 그 순간 부인의 마음에 떠오른 생각이 있었다.

'내가 고졸인 것을 어떻게 알았지?'

이성적인 부인은 택시 기사가 자기 학벌을 알 리 없고 나름대로 멈추지 못한 이유를 갖고 있을 것이라고 생각한다. 그러나 심리적 현실은 택시 기사가 "난 고졸은 안 태워." 하고 가 버린 것이었다. 부인은 또 한번 자존심이 상했다. 부인의 이런 심정을 눈치 채는 사람은 아무도 없었다. 그러나 부인은 번번이 이유 없이 비참한 심정이 되었다.

그러나 가장 비참한 것은 사랑하는 가족으로부터 무시당한다고 느낄 때였다. 남편과 학벌의 벽을 느낀 것은 딸이 초등학교를 들어간 뒤부터였다. 딸의 학교에 제출하는 가족 신상 카드에 부모의 학력을 적는 난이 있었다. 그녀가 자신의 생년월일을 적고 최종학력 난을 두고 잠시 머뭇거리고 있는데 옆에서 보고 있던 남편이 딱하다는 듯이 보고 있다가 대신 '대졸'이라고 적어 넣었다. 평소 고졸이라는 것을 밝히기 싫어하는 것을 아는 남편이 자신을 위해서 그렇게 한 것임을 알면서도 이상하게 마음이 편치 않았다. 그날 이후로 남편이 자신의 아내가 고졸이란 것을 주변에 알리고 싶어 하지 않는다고 믿게 되었다. 그리고 고졸인 자신과 사는 것을 후회하고 있을지 모른다는 의심이 들기 시작했다.

남편은 IT 회사의 이사였다. 그녀가 고등학교를 막 졸업하고 들어간 직장에서 만나 5년간의 연애 끝에 결혼했다. 남편은 당시 야간대학에 다니고 있었는데 지금은 학위도 가지고 있다. 성실한 남편은 고속 승진한 편이었다. 남편은 지위가 올라갈수록 바빠졌다. 출장으로 집을 비우거나 늦게 오는 날도 잦아졌다.

남편 주위에는 모두 잘나가는 전문직 여성들뿐이었다. 부부 모임에 나가 봐도 부인들이 한결같이 예쁘고 지적인 여성들이었다. 일류 대학을 나온 부인들도 있었다. 그녀는 남편의 체면이 자기 때문에 깎일까 봐 초조했다. 책도 많이 읽고 영화, 연극, 음악 등 교양을 쌓았다. 그러나 이 모든 것도 학벌 앞에서는 소용이 없었다. 어느 모임에서 "사모님은 전공이 무엇이었어요?" 하는 한마디에 그녀의 자존심은 여지없이 무너져 버렸다.

그녀는 밖에서 남편이 누구를 만나는지 꼬치꼬치 따지며 묻게 되었다. 그러다 보면 말다툼이 잦아졌다. 언젠가부터 남편은 집에 들어오면 피곤하다는 이유로 대화를 하려고 하지 않았다. 남편은 혼자 책을 보거나 텔레비전을 보았다. 그러면서도 딸과는 재미있게 이야기를 주고받았다. E 부인은 남편이 자신을 무시한다고 생각했다.

딸 역시 자신을 무시하는 것 같았다. 학교 이야기나 진로 문제도 아버지하고만 의논했다. 매사에 모범생인 딸이 자랑스러우면서도 마음 한편으론 섭섭하기도 하고 외로웠다. 부녀가 다

정하게 이야기하고 있는 것을 보고 있으면 소외감이 느껴졌다. 두 사람 사이에 자신이 들어갈 자리가 없는 것 같았다. 남편과 딸이 자기가 모르는 연예인 이야기를 해도 소외감을 느꼈다. 그럴 리가 없다는 것을 알면서도, 남편과 딸이 고졸인 자신을 무시하는 것 같은 느낌이 자꾸 든다고 했다.

미움 받고 자란 셋째 딸

E 부인의 경우 표면적으로는 학벌이 문제인 것 같지만 사실은 낮은 자존감이 문제였다. '나는 고졸이라 사람들이 무시할 거야.'라는 마음의 심층에는 다른 문제가 숨어 있었다. 유년기에 그녀는 사랑 받지 못하고 자랐다. 셋째 딸인 그녀는 태어나는 순간부터 아버지에게 미움을 받았다.

위로 딸만 둘이었던 아버지는 뒤늦게 낳은 셋째만은 아들이길 간절히 바랐는데 또 딸이 태어나자 그 순간부터 그녀를 미워하기 시작했다. 이후 남동생이 태어났다. 아버지의 관심은 온통 남동생에게로 쏠렸다. 아버지는 항상 무릎에 동생을 앉혀 놓고 밥을 먹었으며, 맛있는 것도 모두 남동생 차지였다. 아버지는 놀이동산에 갈 때도 동생은 목마를 태워 주고, 그녀는 뒤에서 동생의 가방을 들고 따라오게 했다. 동생과 그녀가 싸우면 그녀만 야단맞았다. 남동생이 잘못해도 그녀만 매를 맞았다.

그녀는 언니들과 남동생 사이에서 항상 찬밥 취급이었다. 언니 둘은 서울에서 고등학교를 다니게 했지만 그녀는 서울로 보내 주지 않았다. 더 이상 돈을 쓸 수 없으니 그냥 부모님 곁에서 학교 다니며 집안일이나 도우라는 말씀이었다. 남동생을 위해서 돈을 남겨 두어야 한다는 것이었다. 그녀도 서울에서 공부하고 싶었지만 감히 말씀드리지 못했다. 그리고 물론 대학도 갈 수 없었다.

이런 유년시절을 보낸 E 부인은 남편과 딸이 사이좋게 지내는 것을 보면서 무의식적으로 어린 시절을 떠올리며 소외감을 느꼈다. '나는 사랑받을 수 없는 사람이야. 사람들은 나를 싫어해.'라는 낮은 자존감이 성인이 된 그녀의 무의식 깊은 곳에 자리 잡고 있었다. 이 낮은 자존감이 '고졸은 창피해.'라는 옷을 입고 나타났다. 그녀에게 학력은 문제가 아니었다. 어릴 때 형성된 낮은 자존감이 문제였다. 어릴 때 사랑받지 못하고 소외감을 느끼며 자란 사람은 자존감이 낮다. 이런 사람은 '나는 창피한 인간이야.'라는 낮은 자존감을 갖게 된다. 후천적 경험에 의해서 생긴 열등감이다. 이것이 핵심이다.

고졸이라고 모두 E 부인처럼 열등감을 느끼는 것은 아니다. 당당하게 사는 사람도 많다. 고졸이 가지는 개인적인 상징성이 문제다.

나는 이런 사람들에게 열등감의 상징성을 생각해 보게 한다. 열등감 뒤에 숨어 있는 낮은 자존감을 이해하도록 돕는다. 낮은 자존감은 대개 유년기 기억에서 실체가 드러난다. 성장 과정을 이해하는 것이 아주 중요하다. 이렇게 열등감의 상징성을 이해하지 못하면 대학원을 나와도 학벌 열등감은 계속될 수밖에 없다. 국내에서 박사 학위를 받아도 하버드 박사들을 생각하며 열등감을 느낄 것이다.

또한 정신과에서는 E 부인 같은 사람에게 일기 쓰기를 권하기도 한다. 먼저 그날 하루 열등감을 느낀 사건을 적는다. 다음에는 그때 떠오른 생각과 느낀 감정을 자세히 적는다. 그리고 마지막에 그 생각에 대한 합리적 비판을 적고, 수정된 합리적 행동을 적는다. 예컨대 E 부인이 과일 가게에서 있었던 일을 일기에 쓴다면 이렇게 쓰는 것이다.

1) 사건 : 오늘 과일 가게에 갔다. 과일을 고르고 있는데 젊은 점원이 큰소리로 나를 책망했다.

2) 감정과 떠오른 생각 : 몹시 불쾌했다. 그리고 점원이 내가 고졸인 것을 알고 있는 것 같았다. '내가 대졸로 보였다면 젊은 사람이 감히 손님에게 저렇게 불손할 수 없을 거다.'라는 생각을 했다.

3) 합리적 비판과 수정 행동 : 그러나 점원이 내 학벌을 알 리가 없다. 내 생각일 뿐이다. 나의 오해다. 점원에게 "손님에게 그렇게 소리 지르지 말아요. 나는 과일 안 주물렀는데 그런 손님들이 많은가 봐요?"라고 말해 줄 걸 그랬다. 다음에는 그렇게 말해 주어야지.

이것을 '인지 행동 치료'라고 한다. 매일 꾸준히 반복하면 열등감에 의해 왜곡된 사고가 합리적으로 변한다. 극복 경험을 반복하다 보면 치유가 일어나게 돼 있다.

학벌 열등감을 극복하는 방법

학벌 열등감이 심해서 너무 고통스러운 사람은 가능하다면 학교에 가는 것도 좋다. 40대의 우울증을 앓고 있는 부인이 있었다. 학벌에 대한 열등감이 심했다. 아들이 어머니 학력 칸에 중졸이라고 쓰는 것을 보고 몹시 부끄러웠다고 했다. 부인이 중학교를 다닐 때 아버지가 뇌졸중으로 쓰러졌다. 어머니는 돈을 벌어야 했고, 오빠들은 학교에 가야 해서 아버지를 돌봐 줄 사람은 어린 중학생이었던 부인밖에 없었다. 그렇게 부인은 공부할 때를 놓치고 말았던 것이다. 그래도 중졸은 부끄러웠다.

부인이 어느 날 밝은 표정으로 진료실에 나타났다. 고등학교 검정고시에 합격했다고 했다. 부인은 내 앞에서 울었다. 감격의 눈물이었다. 나는 참 귀한 눈물을 보았다. 그 부인처럼 학교를 다녀 열등감을 해결할 수도 있지만 그러나 여건이 허락지 않는 이들이 대부분이다.

그렇다면 관점을 바꾸는 것이 근본적인 치료법이다. 예컨대 '학벌 한 가지로 나를 평가하지 말자. 나는 건강하고 애들도 잘 키웠고, 나를 사랑해 주는 성실한 남편도 있다. 이만하면 먹고 살 만큼 가계도 잘 꾸렸다. 우리 가정은 내 자랑이다. 나를 전체적으로 평가하자.'라고 관점을 바꾸는 것이다.

고졸의 학력 때문에 열등감을 느끼고 괴로워했던 E 부인의 경우처럼 관점과 행동을 바꾸기 위해서 일기를 써보는 것도 한 방법이다. 자신의 관점을 어른의 시각으로 평가하고 행동을 수정하는 경험을 반복하면 변화가 일어난다. 어떤 연구에 의하면 이런 시도를 해본 사람들의 80% 이상이 만족한 결과를 얻었다고 한다. 일기 쓰기는 다른 열등감의 극복에도 도움이 된다.

자존감을
추락시키는 실직

실직은 인생의 큰 고통이다. 특히 남성들은 여성보다 일자리에 더 큰 의미를 둔다. 일을 잃으면 동시에 자기 인생도 무너지는 것으로 느끼는 남성들이 많다. 특히 성격이 경쟁적인 사람이나 성공 지향적인 이들은 실직을 못 견딘다. 사회적 지위가 자존감을 유지시켜 주기 때문이다.

자존감의 붕괴는 인간으로서 견디기 힘든 상황이다. 대부분의 정신 질환은 자존감의 붕괴라는 심리적 배경을 가지고 있다. 자존감이 추락하면 정신 질환에 빠진다. 정신과 진찰실에는 실직이나 부도로 인한 우울증 환자들이 많이 찾아온다. 우울증으로 무서운 사고를 저지르는 사람들도 있다.

아내를 살해한 CEO

30대 후반의 한 CEO가 부인을 살해했다. 그리고 기억상실증에 빠졌다. 법원은 정신감정을 위해서 그를 나에게 보냈다. 입원시켜 행동을 관찰했고 가족들 인터뷰도 했다. 그는 유능한 사업가였다. 20대에 선배와 함께 사업을 시작했다. 밤낮으로 뛰었다. 사업은 성공적이었다. 10년 만에 국내 굴지의 기업이 되었다. 지적인 미인과 결혼도 했다. 비싼 외제 차에 고가의 아파트…. 친구들은 잘나가는 그를 부러워했다. 동창회에 나가도 친구들 앞에서 자신이 자랑스러웠다. 성공한 젊은 사업가였다.

그런데 동업하던 선배가 갑작스러운 사고로 세상을 떠났다. 그리고 선배의 부인과 처남이 순식간에 기업을 차지해 버렸다. 그는 모든 노력을 해보았지만 결국 소송에서 지고 말았다. 선배의 부인은 그를 몰아냈다. 배신감을 견딜 수 없었다.

'내가 어떻게 만든 회산데… 통째로 먹어 버리다니, 이 인간들을 그냥….'

이 CEO는 완벽주의자였고 지기 싫어하는 성격이었다. 일이 풀리지 않으면 밤을 새워서라도 기어이 풀어야 잘 수 있었다. 자기보다 앞서는 친구를 보면 화가 나는 성격이었다. 심지어 고속도로에서도 앞서가는 차를 용서할 수 없었다. 이런 성격은 승진에서 밀리거나 실직했을 때 자존감이 위태로워진다. 심리적인 붕괴가 올 수도 있다.

젊은 CEO는 모두를 죽이고 싶었다. 밀려난 자신의 못난 모습이 너무나 창피하고 화났다. 동창회도 나가지 못했다. 사람들을 피하고 집에서만 안절부절못하는 그를 아내도 괄시하는 것 같았다. 자존심이 상해서 견딜 수 없었다. 자려고 누우면 가슴에서 뜨거운 것이 치밀어 올라와서 잠을 잘 수가 없었다. 얼굴이 후끈거리고 가슴은 방망이질 쳤다. 잠 못 자는 고통을 처음으로 경험했다. 입이 자주 마르고 밥맛이 전혀 없었다. 체중이 쭉쭉 빠지고 기운도 없어졌다. 이미 우울증이 왔던 것이다.

어느 날 그는 건강이 많이 나빠진 느낌이 들어 병원에 갔다. 소변 검사에서 당뇨가 발견되었다. 내과 의사는 당뇨병이 의심된다면서 정밀 검사를 위해서 그를 입원시켰다. 사실 당뇨는 사람이 우울할 때 일시적으로 나올 수 있는 것인데 자신감을 잃어버린 그에게는 청천벽력 같은 소식으로 들렸다.

'아니, 이 마당에 당뇨까지….'

그의 이성은 마비되고 편집증이 생겼다. 절망감과 피해 의식에 사로잡혔다. 자기가 며칠 못 살 것이라고 믿었다. 급히 내과에 입원했다. 사실은 정신과에 입원해야 했다.

그가 부인을 살해한 날은 무더운 여름밤이었다. 한밤중에 잠에서 깨었는데 간호하던 아내는 그의 침대 발치에 엎드려 잠들어 있었다. '나는 죽는데 아내 혼자 살게 할 수는 없다.'는 생각이 들었다. 그는 몽둥이로 자고 있는 부인의 머리를 내리쳐서 살해했다. 그리고 기억상실증에 빠졌다. 기억상실은 꾀병이 아니었다.

후에 기억이 회복되었을 때 그는 자살하려고 했다. 두 달 후 정신감정서와 함께 그를 구치소로 돌려보냈다. 그는 감옥에서 형을 살고 나와 외국으로 이민을 갔다고 한다. 실직과 우울증이 낳은 비극이었다. 당시에 소변에서 당이 나온 것을 당뇨병이라고 믿고 절망하는 그를 곧 정신과에 의뢰했더라면 이런 비극을 예방할 수 있었을 텐데, 아쉬움을 느꼈다.

실직을 극복하게 하는 묘약

사실 실직이라는 스트레스가 인간에게 주는 영향은 엄청나다. 국가의 실업률이 증가하면 국민의 사망률도 상승한다. 심장질환과 자살로 인한 사망율이 높아진다. 그러나 자동차 사고 사망률은 감소한다. 실직한 근로자가 직업을 유지하며 남아 있는 근로자보다 병에 더 잘 걸린다. 실직자가 병원을 더 자주 찾고 입원도 더 많이 한다. 정신과 입원도 더 많이 한다.

실직자들을 괴롭히는 것은 경제적인 어려움만이 아니다. 제일 못 견디게 괴로운 것은 초라해진 자신의 모습과 주위의 시선이다. 자존심이 상하는 것이 제일 괴롭다.

"얼마나 못났으면 쫓겨났을까…"

사람들의 조롱하는 말이 들리는 듯하다. 평소에 열등감이 심한 사람은 정도가 더욱 심하다. 두문불출하고 우울증과 짜증으로 나날을 보내기도 한다.

다음으로 실직자들을 괴롭히는 것은 증오심과 억울함이다.

'회사를 위해서 내 청춘을 다 바쳤는데 이럴 수가 있는가?' '저놈들은 뭐가 잘나서 남아 있고, 나만 쫓겨난 것인가. 뭔가 꿍꿍이속이 있는 거야.'

억울하고 분해서 잠도 못 이루고 신경성 병이 생기는 이들도 있다.

셋째는 불확실한 미래에 대한 공포에 가까운 걱정이다. 아이가 감기만 걸려도 큰 근심에 잠긴다. '직장도 없는데 이러다가 무슨 일이라도 나면….'

실직은 실직자들만의 문제가 아니다. 살아남은 동료들의 고통 또한 크다. 남은 동료들의 고통 중 첫째는 죄의식이다. 동료는 잘렸는데 자신만 남아 있다는 사실이 동료에게 미안하다. 사무실에서 농담하며 웃다가도 친구의 빈자리를 보면 웃고 있는 자신이 부끄럽다. 둘째는 자신의 자리에 대한 불안이다. '나도 언제 잘릴지 모른다.'라고 생각한다. 그래서 윗사람에게 잘 보이려 노력하고, 안전주의에 빠지고 창조적인 제안은 피한다. 아파도 병원에 가지를 못한다. 몸이 약해 보이면 구조조정의 대상이 될 것 같기 때문이다. 동료들에 대한 경쟁심이 많아지고 동료 의식이 희박해진다. 직장 내의 분위기가 이렇게 흐르면 스트레스가 크다.

나는 정신과 의사로서 실직자들에게 이런 충고를 한다.

"말할 수 없이 분하고, 창피하고, 자신이 못나게 보이기도 할 겁니다. 우울하고 앞길이 막막하여 잠도 잘 안 오고, 입맛도 떨어지고, 기력이 없을 수도 있습니다. 그러나 자학은 하지 맙시다. 자신감을 잃으면 그것이 오히려 더 큰 위기를 몰고 옵니다. 인생을 살다 보면 이기는 게임도 있고 지는 게임도 있는 것 아닙니까. 이번 게임에서는 진 것입니다. 그것을 인정하고 다른 게임을 창조적으로 준비합시다. 그리고 눈높이를 낮추어서 적응하는 훈련도 해봅시다. 쉬운 일은 아닙니다만…."

"불행은 혼자 오지 않는다."는 영국 속담이 있다. 실직에 병까지 얻으면 큰 불행이다. 이럴 때일수록 새벽 산책도 하고 규칙적인 생활로 건강관리를 해야 한다. 그리고 배우자들은 실직자에게 비난이나 원망의 말을 절대로 해서는 안 된다. 그보다는 이런 대화가 약이 된다.

"당신은 최선을 다했어요. 나는 사실 당신이 자랑스러워요."

"이보다 더 어려운 고비도 넘어왔잖아요. 이번에도 당신은 잘할 거예요."

구약성서 시편에는 "고난 당한 것이 내게 유익이라 이로 말미암아 내가 주의 율례들을 배우게 되었나이다(시편 119:71)."라는 말씀이 있다. "고통은 하나님의 선물이다. 그러나 아무도 원하지 않는 선물이다."라는 속담도 있다. 괴롭기는 하지만 인간의 정신은 좌절과 고통 속에서 성숙해진다. 성공한 사람들은 모두 실패의 경험담을 가지고 있다. 실패의 산이 높을수록 정상에서 누리는 기쁨도 크다. 자리를 잃었을 때 자존감까지 잃어서는 안 된다. 인생의 많은 고비 중 하나에 봉착했을 뿐이라고 생각해야 한다. 이 고비를 넘기고 나면 스스로를 자랑스럽게 느끼고 자존감은 더욱 높아진다.

성폭행은 자존감을 무너뜨린다

어릴 때 당한 부끄러운 일 때문에 평생 열등감에 시달리며 사는 사람들이 있다. 대표적인 것이 성폭행sexual abuse이다. 특히 여성은 심각한 후유증에 시달린다. 상상을 초월하는 고통이다. 제삼자는 이해 못한다. 남성들은 여성이 당한 성추행이 얼마나 큰 후유증을 남기는지 이해하지 못한다.

유난히 수줍음이 많은 A 양

A 양은 유난히 부끄러움을 탄다. 특히 윗사람과 이야기할 때는 만나기 전부터 떨기 시작한다. 자기도 한번 남들처럼 자신감 있게 살아 봤으면 좋겠다고 했다. 그녀는 열등감이 심했다. 늘 남들이 자기를 흉보고 비난할 것을 걱정하며 살아왔다고 했다. 비위 맞추는 것이 자신의 특기라고 자조적으로 말했다. 양보하고 웃어 주고…. 그러고도 상대방이 조금이라도 불편한 반응을 보이면 한없이 불안해진다. 잘못한 일도 없는데 먼저 용서를 빈다. 상대방의 기분이 풀어진 것을 확인할 때까지 그녀는 불편해서 아무 일도 못한다. 그녀는 자기 권리가 침해당해도 따지지도 못한다.

사실 사람이 자기를 주장하고 자기 기분을 제대로 느끼려면 자존감이 있어야 한다. 자기 존재감이 있어야 자존감도 일어난다. 수수깡처럼, 허수아비처럼 자기의 알맹이가 느껴지지 않는 사람은 자기 권리를 주장하지 못한다. 상대방의 비위를 맞추어 위기만 모면하고 산다. A 양은 "제 가슴속에 제가 없어요. 가슴이 텅 비었어요."라고 말하며 엉엉 울었다.

그녀의 자존감이 이렇게 무너진 데는 이유가 있었다. 7~8세로 기억되는 어릴 때 성추행을 당한 것이 주요한 원인이었다. 부모님이 논에 일을 나가면서 어린 A를 친척 오빠에게 맡기곤 했다. 그 친척 오빠는 어린 A를 벗겨 놓고 성추행을 했다. 어린 그녀는 부모에게 이 말을 못했다. 뭔가 잘못인 줄 알면서도 부모가 알면 안 될 것 같았다. 라면을 얻어먹은 죄 때문에 더욱 말할 수 없었다. 부모가 일을 나갈 때마다 친척 오빠는 그녀를 성추행했다. 이런 짓은 약 두 달간 계속되었다. 어린 A는 비 오는 날을 기다렸다. 비가 오면 부모가 일을 나가지 않기 때문에 안전했다. 팬티를 여러 장 껴입기도 했다. 그리고 내의를 벗으려 하지 않았다. 어머니는 이유를 알아보려고도 하지 않고 나무라기만 했다. A는 자기를 지켜 주지 못하는 부모가 원망스러웠다.

그 후 그 일을 얼마간 잊고 지냈다. 그런데 중학교 생물 시간에 선생님이 순결 교육을 했다. 그때 갑자기 어릴 때 당한 그 일이 떠올랐다. '내가 무슨 일을 당한 건가? 나는 더러운 애구나.' 갑자기 가슴이 두근거리고 얼굴이 화끈거려 얼굴을 들 수가 없었다. 급우들이 모두 그 일을 아는 것 같았다. 부끄럽고 두렵고 세상이 무서웠다. 그날부터 그녀는 자신감을 잃었다고 했다.

그래도 이를 악물고 공부를 했다. 일류 대학을 졸업했고 좋은 직장도 잡았다. 그러나 대인 관계는 늘 어려웠다. 사람들이 자기를 싫어할 것 같아서 힘들었다. 남자를 만나도 먼저 버림 받을 것을 두려워했다. 데이트 상대가 호의를 보이면 '곧 내게 싫증을 느끼고 떠날 거야. 떠나지 못하게 잡아야 해.' 하는 강박관념에 사로잡혔다. 그리고 자기가 줄 수 있는 모두를 다 주었다. 그러면 상대는 오히려 A 양을 너무 쉬운 여자나 심지어 이상한 여자로 보고 떠나 버렸다고 했다. 그래서 이제는 남자 사귀기도 겁이 난다고 했다. 겁나고 우울하고 억울한 인생이라고 했다.

A 양은 부모를 몹시 원망했다. 자기 인생을 저주하기도 했다. 자기를 이런 세상에 태어나게 한 신을 원망했다. 성추행한 그 인간을 잡아 죽이고 싶다고도 했다. 그러나 그럴 용기도 없거니와 친척 오빠를 죽인다고 한들 자신의 인생이 변할 것 같지도 않다고 했다. 이럴 수도 없고 저럴 수도 없고…. A 양은 답답한 가슴을 안고 울었다.

나는 A 양처럼 유년기에 당한 성추행 때문에 열등감에 빠진 이들을 여럿 보았다. 정신분석 논문에서도 자주 볼 수 있다.[*] 성

Sherkow S.P.(1990): Evaluation and DiaGnosis of Sexual Abuse of Little Girl. *Journal of American Psychoanalytical Association* 38: pp 347-369

폭행은 피해자의 성격을 변화시킨다. 정신분석가들의 보고에 의하면 어릴 때 성폭행을 당한 사람은 비록 그 기억이 희미하고, 단 한 번 당한 것일지라도 심리적 상처trauma가 남는다고 한다. 특히 자존감이 무너져서 수치심이 많아지고 자신을 더럽혀진 여자로 보게 된다고 한다. 비밀이 많고 자기 노출을 꺼린다. 남성들을 무조건 짐승 같은 성욕 덩어리로 보는 것도 특징이다. 때로는 엉뚱한 사람에게 화를 터트리기도 하는데, 이 분노는 자기를 성폭행한 대상에 대한 분노가 억압되어 있다가 터져 나오는 것이다.

어릴 때 성폭행을 당한 사람들은 남에게 아쉬운 소리를 못한다고 한다. 자기가 아쉬운 입장이 되면 상대방이 자기에게 몸을 요구해도 거절하지 못할 것이라는 두려움이 밑에 깔려있어서다. 반면에 성폭행을 당한 여성들 중 역설적으로 성생활이 난잡해지는 이들도 있다. 불쾌한 성폭행의 경험을 씻어 내려는 심리가 숨어 있다. 어릴 때는 수동적으로 억울하게 당하는 입장이었지만 이제는 자기가 능동적으로 상대를 농락하는 것이다. 보복심리에서 기인한 행동이다. 그러나 복수해 봐도 만족이 없기 때문에 자기도 모르게 반복한다.

미국의 해밀턴 박사가 조사한 바에 의하면 미국 여자 아이들의 38%가 성희롱이나 성폭행을 당한 경험이 있다고 한다.★ 여자 아이들 3~4명 중 하나 꼴이다. 엄청난 빈도다. 우리 아이들은 어떤가? 돌아봐야겠다. 그런 희생자가 되지 않도록 지혜롭게 아이들을 보호해 주어야 한다. 아무리 먹고살기에 바쁘더라도 A양의 부모 같은 우를 범하지 않도록 말이다.

그러나 한 가지 밝혀 둘 것은 성폭행 당한 사람들이 모두 이렇게 심각한 문제에 빠지는 것은 아니라는 사실이다. 잘 극복하는 사람들도 많다. 성폭행의 상처를 가진 사람들에게 나는 이렇게 말해 준다.

"자학하지 마십시오. 이 일의 책임은 전적으로 가해자에게 있습니다. 당신의 잘못이 아닙니다. 결코 당신의 잘못이 아닙니다. 인생의 많은 피치 못할 불행한 사건 중 하나를 당한 것뿐이라고 생각하십시오. 그 이상도, 그 이하도 아닙니다. 이 일로 더 이상 손해 보지 맙시다."

★ Hamilton J.A.(1989): Emotional Consequences of Victimization and Discrimination in "Special Populations" of Women. *Psychiatr Clin North Am*. 1989 Mar;12(1): pp 35-51

왕따 경험과
열등감

자존감을 무너트리는 유년기 경험 중 또 하나의 주요한 요인은 왕따 경험이다. '왕따'란 신조어다. '집단 괴롭힘'이라고도 한다. 요즈음은 '은따'라는 은어도 나왔다. 은근히 따돌린다는 뜻이다. 일본에서는 '이지메'라 하고 미국에서는 'bullying'이라 한다. 한 아이를 급우들이 집단으로 구박하고 놀리는 것이다. 가해자들은 재미로 하지만 당하는 아이는 정신 질환에 걸리거나 괴로워 자살하기도 한다. 무엇보다 심각한 후유증은 자존감이 무너지는 것이다.

'반항도 못하고 당하기만 하는 나 같은 놈은 비열한 놈이다.

창피해서 죽고 싶다.'

'맞아 죽더라도 맞붙어 싸울 걸…'

한 남자 대학생이 있었다. B 군이라고 하자. B 군은 고등학생 때부터 벌써 두 번이나 피해망상 때문에 입원했다. 환청도 들었다. "애들이 내 욕을 해요. 내 귀에는 들려요." B 군은 초등학생 때까지 명랑했고 반장을 할 정도로 리더십도 있었다고 했다.

그런데 문제는 중학생 때 발생했다. 소위 부자 동네로 이사했고 명문 중학교로 전학했다. 애들 분위기가 싹 달랐다. 고급스럽고 똑똑했다. 전에 살던 동네에서는 자기가 골목대장이었는데 여기는 자기보다 센 애들이 많았다. 부모에게 전에 살던 동네로 다시 이사 가자고 졸랐으나 꾸중만 들었다. 좋은 대학에 가려면 적응해야 한다고 했다. 그런데 성적이 도무지 오르지 않고 중간에서 헤맸다. 부모님도 실망하는 눈치였다. 집에서 말수가 없어졌고 학교도 가기 싫었다.

한 아이가 B 군을 괴롭히기 시작한 것은 중2 때였다. 그 애는 그렇게 덩치가 큰 편도 아니었다. 그런데 B 군은 왠지 그 애와 맞서 싸울 수가 없었다. 어느 날 B 군이 공부하고 있는데 그 애가 예고도 없이 손바닥으로 B군의 뒤통수를 내리쳤다. 화가 나서 벌떡 일어섰다. 그 애는 빈정대며 B 군을 놀렸다. 갑자기 교실이 조용해지면서 애들의 시선이 집중됐다. 그 순간 B 군은 맥이 탁 풀리는 느낌을 받았다. 온몸에서 모든 기운이 빠져나가는 것 같았다. 주저앉을 수밖에 없었다. 그 애와 맞붙어 싸워 보지도 못하고 어이없이 그냥 주저앉고 말았다.

B 군이 정신치료 시간에 항상 후회하는 부분이 이 부분이다. 이때 같이 싸웠어야 했다는 것이다. 그랬더라면 혹시 피투성이가 될 정도로 맞을 수도 있었겠지만, 그래도 마음은 편했을 것이라고 했다. 마음이 이렇게 비참해지지는 않았을 것이라고 후회했다. 맞는 말이었다. 어쨌든 그때 B 군은 맞받아 싸우지 못했고, 그 애는 의기양양해져서 고개를 숙이고 앉아 있는 B 군의 머리를 몇 번 더 때렸다. 애들은 큰 소리로 웃었고 B 군은 처절한 패배감, 수치심… 표현하기도 어려운 심정이 되었다.

그날부터 그 애는 수시로 B 군을 괴롭혔다. 갑자기 머리를 때리거나 수업 시간에 등을 펜으로 쿡쿡 찌르기도 하고, 도시락을 빼앗아 가기도 했다. 더욱 괴로웠던 것은 그런 행동을 애들 앞에서 과시하고 자랑했다. 그럴 때마다 애들은 재미있어 하고 그 애에게 박수를 보냈다. 그리고 다른 애들도 B 군을 함부로 대했다. B 군은 자기가 병신이 된 기분이었다. 창피해서 부모에게 말도 할 수 없었다. 학교에 가기가 죽기보다 싫었다.

그 애를 생각만해도 두려워서 몸이 떨렸다. 혼자 있을 때는 엄청난 분노가 밀려오기도 했다. 상상 속에서는 그 애를 칼로 찔러 죽이기도 했다. 그러나 막상 학교에서 그 애를 만나면 온몸이 얼어 버렸다. 그 애가 놀릴 때는 반항도 못하고 시선을 피해 버렸다. 이런 자신이 너무나 비겁해 보였다. 이런 자기를 보고 웃고 있는 애들 보기가 창피했다.

'나를 얼마나 못난 놈, 비굴한 놈으로 볼까.'

B 군은 소심하고 말 없는 아이가 되어 버렸다. 친구도 없었고 방에 틀어박혀서 밤새 전투 게임만 했다. 잔인한 게임일수록 끌렸다. 분노를 게임으로 발산하고 있었다. 게임 속에서 복수하고 있었다. 그렇게 길고 긴 중학생 시절이 끝나고 고등학교에 진학했다. 그 애를 더 이상 보지 않아도 된다는 해방감을 맛보았다. 그런데 참으로 공교롭게도 또 그 애와 같은 고등학교, 같은 반이 되었다. 가슴이 철렁 내려앉는 것 같았다.

B 군은 등교를 거부하고 게임만 했다. 어느 날 갑자기 자기를 놀리는 환청이 들렸다. 누군가 몰래 카메라를 설치해 놓고 자기

를 감시하는 것 같았다. 피해망상이 생긴 것이었다. 사람이 정신적으로 시달리면 자아가 약해져서 이런 현상이 나타난다. 정신 질환원에 입원하고, 퇴원했으나 재입원하고…. 그렇게 자존심은 무너지고 일어설 기운도 없어졌다.

그러나 정신 치료를 받고 B 군은 많이 좋아졌다. 자기 문제를 충분히 이해했다. 분노를 적절한 순간에 표현하지 못한 것이 문제의 시작이었다. 중학생 시절, 당시 막 전학했고 기가 꺾인 상태였기 때문에 맞받아치고 싸울 수가 없었던 것이다. 말하자면 전학가고 자존감이 낮아진 상태였다. 반 애들, 특히 '그 애'는 거인으로 보이고 자기는 난쟁이로 보였던 것이다. '난쟁이 자존감'이 형성된 상태였다. 이런 자존감으로는 어린아이와도 싸울 수가 없다. 분노를 표현할 수도 없다. 처절한 패배가 예상되기 때문이다. 맞고 놀림을 당하고도 저항하지 못했을 때 우리는 패배자가 되고 우리의 자존감은 무너진다. B 군은 '그 애'에게 맞았을 때 '난쟁이 자존감'을 확인했던 것이다. '역시 나는 무기력한 난쟁이야.' 그리고 놀림을 받을 때마다 자존감은 반복적으로 무너졌다. 인내의 한계에 다다른 것이 고등학생 때였고 그때 정신 질환이 발병했다고 볼 수 있다.

그러나 B 군은 대학에 가서 훨씬 밝아졌다. 동아리 활동도 재미 있었다. 사진반에 들어가서 전시회도 하고 좋은 평가도 받았다. 합창단도 만들어 환자 위문 공연도 했다. 박수갈채도 받았다. 자기 용돈을 모아 중고 피아노를 사서 연습실에 기증하기도 했다. 합창단원들과 지도 교수도 좋아했다.

'나도 할 수 있구나. 나도 괜찮은 놈이구나.'

자존감이 많이 회복되었다.

그러던 어느 날 B 군이 좋은 소식을 갖고 왔다. 전날 밤에 호프집에서 맥주를 마시고 있는데 건너편 테이블에 낯익은 애가 앉아 있는 것이 보였다. 실내가 어두운 편이었지만 틀림없는 '그 애'였다. B 군은 그 애가 앉아 있는 테이블로 갔다. 처음에 그 애는 B 군을 알아보지 못했다. 마주 앉아서 B 군은 학창 시절에 그 애가 자기에게 했던 괴롭힘에 대해서 차분하게 이야기했다. 그리고 자기가 자살까지 생각했다는 이야기도 했다.

"그런데 그때 너는 왜 그렇게 나를 괴롭혔니?" 하고 오랫동안 궁금했던 것을 물어보았다. 그런데 놀랍게도 그 애는 자기 행동으로 B 군이 그렇게 고통을 받으리라고는 상상도 못했다고 했다. 그리고 대부분의 행동들은 기억도 못하고 있었다. 가해자는 피해자의 고통을 모른다. 그래서 피해자들은 더 억울한 것이다. 다른 측면에서 본다면, B 군이 현실을 너무 아프게 받아들였을 수도 있다. 자존감이 낮은 사람들은 상황을 훨씬 아프게 받아들이기 때문에 하는 말이다. 당시에 B 군은 '난쟁이 자존감'을 가지고 있었으니까.

어쨌든 이렇게 그 애를 직접 만나서 이야기한 후에 B 군의 기분은 훨씬 가벼워졌다. 고등학교 졸업 후 그 애를 처음 만나는 것이었다. 이제는 성장한 청년으로서 만났다. 회복된 자존감을 가지고 만났다. 나는 B 군이 호프집에서 그 애에게 접근할 수 있었던 것이 고마웠다.

낮은 자존감을 갖고 있었더라면 고등학교 시절의 시나리오가 다시 반복됐을 것이다. 가슴은 철렁 내려앉고 맥은 풀려서 생쥐처럼 달아날 구멍을 찾았을 것이다. 자존감이 회복된 상태였기 때문에 감히 그 애에게 접근할 수 있었다. B 군은 이걸로 그 애와 관련된 악몽이 끝난 것 같다고 했다. 그리고 B 군 특유의 웃음을 씩 웃었다. 무너진 자존감이 회복된 자의 웃음이었다.

일상에서 행복할 수 있으면 자존감이 높은 사람이다

우리 사회가 서구화 되고 개인주의화 되면서 왕따현상이 많아졌다. 정신분석가인 내 눈에 우리 사회 구성원들이 모두들 스타가 되고 싶은 욕심에 사로잡혀 있는 것 같다. 왕따를 당하는 사람도 실은 스타의식이 강한 사람들이라는 보고가 있다. 가해자나 피해자가 모두 스타의식에 사로잡혀 있다. 물론 이와 관계없이 억울한 피해자가 있는 것을 인정한다. 그러나 우리 사회가 스타의식에 사로잡혀 있는 것은 사실인 것 같다. "나는 특별한 사람이다. 그렇게 튀고 싶다." 많은 젊은이들의 소원이다. 그리고 이렇게 스타가 돼야 행복할 수 있다고 믿고 있는 사람들이 많다.

사실 우리가 행복하기 위해서 꼭 스타가 될 필요는 없다. 모든 사람에게 사랑받고 인정받을 필요도 없다. 가능한 일도 아니다. 상황에 따라, 상대방에 따라 나를 싫어하는 사람도 생길 수 있다. 어떤 사람은 자기 이익 때문에 나를 싫어할 수도 있고, 어떤 사람은 자기의 지배하에 들어오지 않는다고 나를 적대시할 것이다. 그렇다고 그의 호감을 사기 위해서 노예처럼 살 수는 없지 않은가.

그런데 낮은 자존감을 가진 사람들의 심리를 분석해 보면 '모든 사람들에게 사랑받을 때까지 나는 행복할 수 없다.'고 믿고 있다. 지구상에 단 한 사람이라도 자기를 싫어하면 안 된다. 심지어 이웃집 강아지까지도 자기를 좋아해야 한다. "이제 그만!" 나를 싫어하는 사람은 그냥 싫어하게 놔두자. 상황이 바뀌거나 그의 생각이 달라지면 사과하고 돌아올 수도 있다. 그의 감정은 그에게 맡기고 우리는 우리의 인생을 부족하지만 사랑하며 살자. 스타에게는 박수를 보내 주고 우리는 우리에게 주어진 우리 인생을 살자.

너무나 평범한 이야기이지만 그는 그의 인생을 살고 나는 또 나의 인생을 사는 것이다. 우리가 스타가 될 수도 있지만 스타가 된다고 달라질 것은 없다. 그것도 인생살이 중 일상 everyday life 의 일부일 뿐이다. 나는 일상이라는 말을 좋아한다. 어느 유명한 정신과 의사는 자기 일상을 이렇게 말했다. "아침에 잠에서 깨어 곁에 잠들어 있는 아내를 확인하고, 세수하며 라디오 뉴스를 듣는다. 오전에 보는 환자들의 이야기에 감동도 하고 점심은 아래층 식당에서 아내와 함께 먹는다. 그리고 낮잠 한숨 자고(오후에 보는 환자에게 집중하기 위해서 그는 꼭 낮잠을 잔다고 했다.) 오후에 환자 보고… 퇴근길에는 차 속에서 마리아 칼라스의 감미로운 음성을 듣고, 로저 와그너 코럴의 켄터키 옛집도 좋다. 특별한 일이 없는 한 매일 반복되는 나의 일상이다."

아무리 유명한 스타도 결국은 일상을 살고 일상으로 돌아올 뿐이다. 인기의 거품에 속지 말 일이다. 인생에 특별한 별세계가 있을 것이라는 기대는 거품이다. 거품이 걷히면 실망만 남는다. 일상에서 행복할 수 있으면 자존감이 높은 사람이다. 안정된 성격을 가진 사람이다. 행복할 수 있는 사람이다. 나를 필요로 하는 일이 있고, 먹을 양식이 있으면 행복한 일상이다. 나를 믿고 따르는 가족이 있고, 매일 몸을 녹일 수 있는 집이 있으면 행복한 일상이다. 여기다가 신앙까지 있다면 더욱 입체적인 행복감을 누릴 수 있을 것이다. 이렇게 스타가 아니어도 높은 자존감을 누릴 수 있고 행복할 수 있다. 이 책의 독자들은 일상을 소중하게 어루만지며 행복감을 누렸으면 좋겠다.

더 이상 내 인생을 낭비하지 말자

성폭행이나 왕따 같은 지독한 경험은 정신적 트라우마psychic trauma이다. 이런 일을 당한 사람들은 심한 열등감에 빠지기도 한다. 트라우마는 아픈 현실이지만 이 마음의 상처를 치유하는 길은 현실을 받아들이는 것뿐이다. 정말 억울하고 불행한 일을 당한 것이다. 그러나 아픈 현실에서 벗어나야 한다. 그러기 위해서 '그래, 왜 하필 내 인생에 이런 일이 일어났는지 이해할 수 없고 분하다. 그러나 피할 수 없는 내 인생의 한 페이지였다. 인정하겠다. 그리고 더 이상 이 문제로 내 인생을 낭비하지 않겠다.' 라고 결심할 필요가 있다.

그러나 그게 말처럼 쉬운 게 아니다. 행복한 현실이야 문제될 게 없다. 문제는 자존감을 공격하는 마음에 들지 않는 현실이다. 부끄러운 외모나 부모같이 타고난 조건은 현실로 받아들이는 수밖에 없다. 부정하고 위장할수록 자존감은 더욱 위협받는다.

가슴 아픈 과거의 경험에 대한 열등감도 그렇다. 우리는 과거로 돌아갈 수 없다. 생각 같아서는 타임머신이라도 타고 그 시절로 날아가 보복할 것은 보복하고 모든 것을 제자리로 돌려놓고 싶지만 그럴 수 없다는 것을 우리는 잘 안다.

우리를 괴롭혔던 부모, 삼촌, 오빠, 선생님, 급우들은 지금은 나이 들어 다른 사람들이 되어 버렸다. 어릴 때의 그들은 이미 사라졌고 늙고 변한 그들이 눈앞에 있을 뿐이다. 그리고 우리도 이미 성인이 되었다. 보복의 칼을 들이대는 것은 너무나 현실성이 떨어진다. 분노를 터트려 봐도 마음은 생각했던 것처럼 그렇게 개운해지지 않는다. 자존감이 회복되는 것도 아니다.

자위행위도
열등감의 원인이다

앞에서 이야기한 성폭행과 왕따의 경험은 이미 흘러간 과거의 일이고 시효가 끝난 일이지만 마치 해만 지면 어둠 속에서 나타나는 드라큘라처럼 무의식을 점령하고 있는 기억들이다. 이런 기억들은 자존감을 무너트리고 사람을 무기력하게 만들어 버린다. 자위행위도 열등감의 원인이 된다. 청소년기에는 60% 이상의 청소년들이 자위행위를 한다. 어떤 연구 보고에 의하면 90%라고 한다. 사실 자위행위는 청소년기에 나타났다가 사라지는 일시적 현상이다. 별로 문제 될 게 없다. 그런데 문제는 이 행위를 지나치게 죄악시

할 때 발생한다. O 씨의 경우가 그랬다.

손 씻느라 업무도 제대로 볼 수 없었던 O 씨

O 씨는 말단 공무원이었다. 자꾸 손을 씻는 증세 때문에 정신과를 찾아왔다. 손에 더러운 세균이 묻은 것 같아서 하루에도 수십 번씩 손을 씻어야 했다. 너무 자주 손을 씻기 때문에 일을 할수 없을 정도였다. 아예 흰 장갑을 끼고 민원을 받았다. 주위 사람들이 이상하게 보는 듯했지만 그렇게 할 수밖에 없었다. 정신의학에서는 강박 행동이라 한다. 무의식에 죄책감과 불안이 숨어있을 때 일어나는 증상이다.

가장 흔한 강박 행동이 손 씻기이다. 이런 행동은 죄책감을 피하려는 동기에서 나온다. 죄는 더러운 것이다. 그리고 죄지은 사람은 무서운 처벌을 받아야 한다. 그래서 죄책감을 가진 사람들은 처벌 공포증에 시달린다. 자아는 이런 공포증을 잠재워야 한다. 마음의 평안을 찾아 주는 것이 자아의 역할이기 때문이다.

O 씨의 자아는 죄책감 문제를 상징적으로 처리했다. 죄를 세균으로 바꿔 놓았다. 죄도 더럽고 세균도 더럽다. 죄도 무서운 결

과를 가져오고 세균도 병을 일으킨다. 이런 공통점을 이용하여 죄와 세균을 동일시했고 바꿔치기를 할 수 있었다. 더구나 마음의 죄는 물로 씻을 수 없지만 손에 묻은 세균은 물로 씻어 낼 수 있다. 손을 씻는 행동은 죄를 씻는 행동의 상징적인 대체 행동이었다. 그러나 손을 씻을 때 일시적으로는 '아, 죄가 씻겨 내려갔다.'는 안도감을 느낄 수 있었겠지만 죄책감과 처벌 불안은 또 밀려온다. 그래서 그는 반복해서 손을 씻을 수밖에 없었다. O 씨의 죄책감은 자위행위에 대한 죄책감이었다.

O 씨는 형수를 좋아했다. 형수는 그가 다섯 살 때 시집왔다. 어머니처럼 그를 키워 준 고마운 형수였다. 그는 고등학교에 가기 위해서 도시로 왔고 자취를 했다. 형수는 한 달에 한 번씩 반찬을 해 가지고 왔다. 밀린 빨래와 청소를 해 주고 하룻밤을 자고 갔다. 그런데 사춘기가 된 그는 형수와 같이 자는 밤이 괴로웠다.

형수는 O를 자식처럼 알고 거리낌 없었지만 그는 참기 힘든 욕구를 느꼈다. '예끼, 나쁜 놈.' 하며 자책도 했지만 어두운 방에서 형수의 숨소리는 크게 들렸다. 참을 수 없을 때 그는 화장실에 가서 자위행위를 했다. 그리고 나면 '나는 나쁜 놈이다. 벌 받을 것이다.' 하며 후회와 죄책감이 밀려왔다. 사춘기의 O는 형수가 오는 날이 한편으로는 기다려지면서도 다른 한편으로는 괴로웠다.

그러던 어느 날 아침, 학교에서 담임선생님이 화를 내시며 학생들에게 고함을 쳤다. 그때 그는 이유 없이 가슴이 두근거리고 얼굴도 화끈거렸다. 마치 담임선생님이 자기가 지난밤에 자위행위를 한 것을 다 알고 계신 것 같았다. 그리고 손에서 정액 냄새가 나는 것도 같았다. 애들 눈치도 보였다. 화장실로 달려가서 손을 씻고 또 씻었다. 그런데도 냄새는 지워지지 않았다.

O 씨가 손을 씻기 시작한 것은 그때부터였다. 그 후로 반 애들을 바라보기도 어려웠다. 자신감도 없어지고 대인 기피증도 생겼다. 자존감이 무너졌던 것이다.

'애들은 다 안다. 선생님도 알아 버렸다. 나는 더러운 놈, 의지력도 약한 놈, 부끄러운 놈.'

자위행위에 대한 죄책감이 그의 자존감을 무너뜨리고 있었다.

손을 씻고 또 씻으며 그렇게 15년 넘게 살아왔다. 나이 서른이 되었고 결혼도 했다. 이제는 자위행위도 하지 않는다. 그런데도 그의 자존감은 회복되지 못하고 있었다. 청소년기에 형성된 낮은 자존감이 습관처럼 계속 그를 지배하고 있었다. 사실 그는 유능해서 본청으로 승진할 기회가 여러 번 있었다. 그러나 그는 번번이 "나 같은 사람은 여기가 제격입니다. 여기가 편해요." 하고 승진 기회를 동료에게 양보했다. 그는 천사라고 소문났지만 아내는 이런 남편이 안타까웠다.

다행히 O 씨는 정신 치료를 받고 마음속 깊은 곳에 숨어 있던 자위행위에 대한 죄책감을 발견했다. 죄책감이 손 씻기의 원인이라는 것도 이해했다. O 씨는 회복되었다. 얼마 후 승진하여 본청으로 발령을 받았다. 흰 장갑도 벗어 버렸다. 마음씨 좋은 아내의 격려도 큰 도움이 되었다.

청소년기에 흔한 자위행위는 자존감을 공격한다. 욕구를 참아보려고 결심하지만 결심은 번번이 무너지고 자위행위에 대한 후회와 무력감이 몰려온다.

'이렇게 의지력이 약하다니…. 내가 뭐가 되려고 이러나. 이런 내가 부끄럽다.'

자신감도 없어지고 자기 회의에 빠진다. 그런데 문제는 이렇게 형성된 낮은 자존감이 성인이 되기까지 검증받지 못한 채 계속된다는 것이다. 이런 심리적 과정은 무의식에서 진행되기 때문에 검증의 기회를 갖기가 어렵다. 특히 자기 억제를 많이 하고 사는 사람들, 말하자면 모범적으로 살아온 이들은 이런 부끄러운 문제에 직면하기가 어렵다.

그래서 자위행위에 대한 열등감은 성인이 되기까지 정신세계를 계속 지배한다. 남들 앞에 서려면 이유 없이 두렵고 떨린다. 마치 무슨 죄라도 지은 사람처럼 숨고 싶어진다. 아무리 생각해 봐도 그럴 이유가 없는데 이런 심리에 자꾸 빠질 때는 자위행위 죄책감도 생각해 봐야 한다. 자존감을 진단해 봐야 한다. 자기 성찰의 시간이 필요한 것이다.

자위행위의 늪에서 빠져나온 청년

내가 군의관 시절에 만난 사병 생각이 난다. 그때 나는 전방후송 병원의 정신과 과장이었다. 후송된 환자 중에 자위행위를 너무 많이 하는 사병이 있었다. 하루에 20여 차례나 한다고 했다. 믿어지지 않았지만 자기만의 독특한 방법을 갖고 있었다. 성기를 강하게 압박하는 식이었다. 아무리 참으려 해도 안 된다고 했다. 이 문제로 부대 적응도 못했고 벌써 두 번째 후송이었다. 부대에서는 '또라이'라고 놀림도 많이 받았다. 의욕도 없고 기력도 없어서 죽고 싶다고 했다. 그는 하루 종일 간해 놓은 배춧잎처럼 기운 없이 병실 한 귀퉁이에 쭈그리고 앉아 있었다. 나는 그가 안쓰러웠다.

하루는 "네 꿈이 뭐냐?"고 물었더니 대학에 가는 것이라고 했다. 그는 공부를 잘했는데 자위행위 때문에 입시에도 실패하고 재수하다가 군대에 끌려왔다고 했다. 나는 그의 집에 연락해서 책을 가져오게 했다. 병실 한편에 책상을 놓아 주고 입시 준비를 하게 했다. 그러나 군대 정신과 병동 분위기는 공부할 분위기가 아니었다. 나는 그를 제대시키기로 마음먹었다. 어차피 군에서 필요한 인물이 아니었다. 이대로 군에 붙잡아 두었다가는 '사람 하나 폐인 만들겠다.'는 생각이 들었다. 다행히 그는 제대 심사를 통과했다.

귀가하는 날 그와 마지막 면담을 했다. 나는 그에게 당부했다. "자위행위와 싸우지 마라. 욕구가 올라오면 해라. 다만 공부도 같이 하는 것이다. 자위행위만 하면서 살 수는 없잖느냐. 네 인생, 네 꿈도 이뤄야지." 그는 밝게 웃으며 "충성!" 하며 경례하고 떠났다. 그 후 나는 광주 통합병원으로 전근을 갔고 그를 잊고 있었다.

일 년쯤 지난 어느 날 아침 위병소에서 연락이 왔다. 누가 나를 방문했다는 것이었다. 양복을 입고 머리를 기른 그를 나는 처음에 알아보지 못했다. 그가 특유의 웃음을 지으며 자기소개를 할 때에야 '아, 이 녀석. 자위행위.' 하고 알아봤다. 제대 후에 그는 열심히 공부했다. 점점 성적이 올라갔다. 희망이 생겼다. 첫해에는 대입에서 실패했다. 그러나 그 다음 해에 일류 대학에 합격했다.

"어제 합격자 발표를 했어요. 제일 먼저 과장님이 생각났어요. 그래서 바로 밤 열차를 타고 왔어요. 새벽에 도착해서 위병소 앞에서 기다렸어요."

부끄러운 듯 조심스럽게 이야기하는 그의 말 속에서 내게 감사하는 마음을 읽을 수 있었다. 또한 자기와의 싸움에서 이긴 승리자의 자신감도 확인할 수 있었다. 옛날의 그 '자위행위'가 아니었다. 나는 그가 자랑스러웠다. 내가 병원에서 만난 그는 자위행위의 열등감에 빠져 마치 늪에서 헤어나지 못하는 가여운 동물처럼 무기력하게 허우적대고 있었다. 그러나 장하게도 그는 대학 입시라는 꿈을 잡고 늪에서 빠져나왔다. 그에게 그 꿈은 마치 하늘에서 내려온 동아줄 같은 역할을 했다.

자위행위는 자기 실망과 열등감을 느끼게 한다. 그리고 한번 낮아진 자존감은 자신도 모르게 의식을 지배한다. 이제는 어른이 되었고 자위행위를 하지 않는데도…. 무의식의 속임수다. 이런 심리적 현실을 제대로 깨달아야 한다.

후천적 조건에 의한 열등감,
어떻게 극복할 수 있을까?

능력 열등감

유년기에 패배 경험은 없는지 조용히 자신을 성찰하고 분석해 볼 필요가 있다. 그리고 완벽하지는 않지만 부족한 부분을 노력으로 채우며 산다면 그것이 건강한 인생이다.

가난 열등감

먼저 자신이 가난하다는 것을 인정해야 한다. 그리고 가난에 집중하지 않고 인생의 목표를 정하고 이를 이루기 위해 몰두하는 것이 열등감 극복의 좋은 방법이다.

학벌 열등감

고졸이라서 열등감을 가지는 사람은 '고졸이 창피해'가 아니고 실은 '나는 창피한 인간이야'가 문제의 핵심이다. 학벌 열등감으로 고통이 심하다면 학교를 가는 것도 좋다. 그런데 근본적인 치료법은 학벌 한가지로 자신을 평가하지 않고 자신을 전체적으로 평가하는 것이다.

🌿 실직과 자존감

실직으로 우울하고 앞길이 막막해도 자존감까지 잃어서는 안 된다. 실직으로 인한 아픈 경험을 능동적으로 극복하고 나면 스스로 자랑스럽게 느껴지고 자존감은 더욱 높아진다.

🌿 성폭행이나 왕따 같은 트라우마로 인한 열등감

아픈 현실이지만 이렇게 결심해 보자. '왜 하필 내 인생에서 이런 일이 일어났는지 이해할 수 없고 분하다. 인정하겠다. 그렇지만 더 이상 이 문제로 내 인생을 낭비하지 않겠다.'라고.

🌿 자위행위로 인한 열등감

자위행위의 욕구가 생길 때 억누르지만 말고 인생의 꿈을 위해 건전한 일도 함께 하면 극복할 수 있다.

PART 4

자존감이 성격에
어떤 영향을 미칠까?

G의
아내 이야기

나무 전문가들은 나이테만 보고도 그 나무의 과거를 알 수 있다고 한다. 물이 풍부했던 해와 가물었던 해가 나이테에 잘 나타난다고 한다. 바람이 많았던 해도 나이테가 보여 준다. 자존감도 나이테처럼 살아온 인생의 흔적life history을 나타낸다. 불행한 유년기를 보낸 사람은 자존감이 빈약하다. 대인 관계나 성격에서 이런 낮은 자존감이 드러난다.

1부에서 소개한 남편 G의 아내는 열등감이 있는 남편과 살면서 늘 불안하고 초조했다. 남편의 감정이 언제 어떻게 변할지 짐

작할 수 없었다. 그에게 다른 사람의 기분은 안중에도 없었다. 오로지 자신의 기분만 중요하고 자기 기분 내키는 대로 행동했다. 기분 좋게 외식을 하다가도 아이가 투정을 부리면 남편은 식사 도중에 벌떡 일어나 나가 버렸다. 그리고 집에 와서는 아이에게 심한 매질을 했다.

식탁에 전날 먹었던 반찬을 다시 올렸다는 이유로, 수저에 물기가 있다는 이유로, 자신이 사다 준 가방을 친정 동생에게 주었다는 이유로 트집을 잡고 화를 내고 물건을 집어던졌다. 어느 날은 대낮에 갑자기 집에 들어와서 시어머니를 홀대하고 무시했다면서 그녀의 멱살을 잡고 흔들고 골프채를 휘두르기도 했다.

남편 G는 고액의 연봉을 받는 능력 있는 사람으로서 회사에서 완벽하고 빈틈없는 사람으로 인정받고 있었다. 그는 회사 일뿐 아니라 집안일에서도 자신이 모든 것을 결정하고 주도하려 했다. 집과 자동차는 물론 거실 한가운데 자리 잡은 커다란 피아노, 그림 액자, 하다못해 커피 잔이나 식기도 자신이 직접 골라야 직성이 풀렸다. 아내가 물건을 살 때나 아이 학습지를 고를 때도 남편의 허락을 받아야 했다.

G는 모든 물건이 제자리에 반듯하고 정확하게 놓여 있어야 했다. 테이블에는 신문의 네 귀퉁이가 반듯하게 접혀 놓여 있어

야 하고 신발장의 신발조차 모두 제 칸에 제대로 놓여 있어야 안
심하는 것 같았다. 물건이 제자리에 있지 않으면 불안해했다.
예컨대 신발이 제 칸에 있지 않고 다른 칸에 있는 것을 발견하면
불같이 화를 냈다. 그러나 밖에 나가서는 욕설은커녕 남에게 싫
은 소리 한마디 하지 않는 점잖은 사람으로 변했다. 마치 카멜레
온 같다고 했다.

　타인의 평가에 예민하고 남의 시선을 많이 의식하는 G는 사
람들의 말 한마디 한마디에도 신경을 썼다. 남들에게는 한없
이 친절하고 자상했다. 그래서 그는 회사에서 항상 인기가 높았
다. 여직원들 사이에서는 결혼하고픈 남성의 모델이었다. 아내
는 회사 여직원들로부터 "사모님은 행복하시겠어요."라는 말을
여러 번 들었다. 그런 소리를 들을 때마다 G의 아내는 어이없고
씁쓸했다.

정신 질환자들은
열등감이 심하다

낮은 자존감을 가진 사람
들은 정신 질환에 잘 걸린다. 의처증, 우울증, 정신분열증, 사회
공포증에도 잘 걸린다. 자존감이 인격이라는 건물의 기초가 되
기 때문이다. 기초가 부실한 건물은 외형이 아무리 그럴듯해도
충격을 받으면 쉽게 무너진다. 이때 정신 질환이 발병한다.

낮은 자존감으로 환청이 심했던 청년

정신분열증 환자가 있었다. 그의 이름을 J라 하자. J는 서른 살 된 청년인데 환청이 심했다. 남들은 듣지 못하는 소리를 자기만 듣는 것을 환청이라 한다. 발병한 지 5년이 넘었다. 어머니는 아들이 착하고 똑똑했는데 이제는 폐인처럼 살고 있다고 말하며 울었다. 환청의 내용이 낮은 자존감을 보여 주었다. 환청은 아주 친한 친구가 그를 욕하는 소리였다.

친구는 좋은 직장에 다니고 있었다. 그런데 J가 전화를 해도 바쁘다며 끊어 버렸다. 친구가 야속했다. 직장도 없이 놀고 있는 자기를 무시하는 것 같았다. 그때부터 환청이 나타났다. 그 후 치료를 받는 기간 중에도 이런 환청이 자주 재발했는데 친구에게 실망했을 때마다 심했다. 치료를 받기 전에 J는 이 환청을 실제로 친구가 말하는 것으로 들었다. 그러나 정신 치료를 받으며 그것이 환청이라는 사실을 이해하게 되었다.

나는 그의 말을 많이 들어 주었다. 어느 날 그는 나에게 "집에서는 할 말이 많았는데 막상 교수님을 만나면 할 말이 떠오르지 않아요."라고 했다. 나는 그에게 "그동안 살면서 경험한 일이나 떠오른 생각을 일기처럼 써 오는 게 어떨까요?"라고 제안했다.

그 후 그는 나에게 올 때마다 '존경하는 이무석 교수님께…'로 시작하는 편지를 써 왔다. 나는 그에게 직접 읽도록 했다. 편지 속에서 나는 그의 인생을 볼 수 있었고 슬픔과 좌절을 느낄 수 있었다. 그의 개인적인 궁금증도 이해했다.

"약은 언제까지 먹어야 하나요. 평생 먹어야 한다면 어떡하지요?" "교회 청년부에서 참 친절한 자매(여성)를 만났어요. 나 같은 놈도 결혼할 수 있을까요?" 그가 편지를 다 읽고 나면 그 내용을 가지고 대화했다. 그의 의학적 궁금증에 대해서는 설명이 필요했지만, 그 외엔 주로 그의 입장을 이해해 주고 공감해 주는 방식의 대화를 나눴다. 한 인간으로서 사람들에게 인정받으며, 사람들과 어울려 살고 싶어 하는 J의 애타는 마음을 확인할 수 있었다.

그렇게 치료를 시작한 지 5년이 경과했을 때 그는 많이 좋아졌다. 운동을 열심히 해서 유단자가 되었고 한학을 공부해서 남들에게 논어를 가르칠 수 있게 되었다. 교회 청년부에 소속되어 봉사 활동도 했다. 약의 복용량도 초기보다 거의 1/10로 줄었다. 치료 초기에는 약 먹기를 완강히 거부했던 그가 시간이 흐르자 약이 자신에게 도움이 된다는 사실을 이해했다. 지금은 내가 약을 줄일 때마다 "교수님, 약 줄이지 마세요. 재발이 두려워요."라고 걱정한다. 그는 자기 인생의 주도권을 가지고 약을 정신 건강의 도구로 이용하고 있었다. 나는 그가 안정된 직장을 잡을 때쯤 그와 상의해서 약을 끊으려고 생각하고 있다.

사실 나는 그에게 별로 해 준 게 없다. 그런데 그는 나에게 늘 감사한다. 자기에게 시간을 내주고 자기 말을 들어 주는 내가 고맙다고 했다. 나를 만나면서 자신도 남에게 호감을 줄 수 있는 사람이라는 것을 발견한 것 같았다. 그리고 자기도 능력 있는 사람이라는 것을 생활 속에서 확인할 수 있었던 것 같았다. 이것이 그의 자존감을 높여 주었다고 생각했다. 이것이 치료 효과를 나타냈다.

어느 날 그가 밝은 표정으로 "어제 그 친구(환청 속의 친구)에게 전화를 했어요. 전 같으면 자존심 상해서 내가 먼저 전화하는 짓은 하지 않았을 텐데 어제는 한번 해보고 싶었어요. 그런데 친구가 전화를 아주 반갑게 받더라고요. 뜻밖이었어요. 저도 기분이 좋았지요. 그런데 신기하게도 그 후로 환청이 사라졌어요."라고 말했다. 그 말을 듣고 나도 기뻤다.

자존감이 낮은 사람은 먼저 전화하지 못한다. 속으로, 상상 속에서 무시당하고 화만 낼 뿐이다. 이런 상상이 환청을 만든다. 정신분석에서는 '투사'의 방어기제가 동원된 것이라고 설명한다. 이 마음의 벽을 깨고 나오기가 쉽지 않다. 그래서 정신분열증의 치료가 어렵다. 그런데 자존감이 올라갔기 때문에 그는 이 마음의 벽을 깨고 나와 친구에게 주도권을 가지고 전화할 수 있었던 것이다.

　낮은 자존감의 문제는 비단 J만의 문제가 아니다. 인간의 실존적 숙제이다. 모든 인간의 고통이며 정신 질환의 원인이다. 의사가 될 때 반드시 하는 히포크라테스 선서의 첫째 계명은 "환자에게 해를 입히지 않을 것"이다. 나는 이 계명을 정신 치료에 적용한다. 환자를 만날 때 '환자의 자존감에 상처를 주지 말 것'을 늘 염두에 두고 만난다. 환자를 한 인간으로 대하고 존중하고 그의 가치를 인정해 주는 것이다.

　환자들은 지나치게 자기 비하적이다. 이런 자기평가 방식을 깨닫고 바꾸는 것이 치료의 중요한 과제이다. 환자들은 자부심을 느낄 만한 일을 해 놓고도 자부심을 느끼지 못하는 경우가 많다. 오히려 자신을 깎아내린다. 어려운 취직 시험에 합격한 청년이 뜻밖에도 "재수가 좋아서 붙은 거예요. 친구는 더 좋은 자리에 들어갔는 걸요."라고 한다든지, 3개월 만에 체중을 5킬로그램이나 빼고 날씬해진 여성이 기뻐하기는커녕 "아직 멀었어요. 금방 또 뚱뚱해질 건데요, 뭘⋯.” 하고 비관적인 말을 하는 것이다.

이들은 이런 부정적 사고방식 자체를 이해하고 고칠 필요가 있다. 한 부인은 누군가 “옷이 참 예쁘네요.”라고 칭찬하면 당황하여 “아니에요. 길거리에서 산 싸구려 옷이에요. 벌써 산 지 2년이 넘은 건데요.” 라고 옷을 비하하는 말을 했다. 그런데 정신 치료를 받은 후 그녀의 반응이 달라졌다고 했다. 누군가 자기를 칭찬하면 “그렇게 말씀해 주시니 기쁘네요. 고맙습니다.” 라고 말한다는 것이다. 상대도 좋아하고 자신의 기분도 좋아졌다고 했다. 상대방의 칭찬을 받아들일 마음의 여유가 생긴 것이다. 자존감이 높아진 증거이다. 자존감이 높아지면 정신도 건강해진다.

의처증은 열등감 때문에 생긴다

30대의 두 아이를 가진 주부가 남편의 의처증 문제로 나를 찾아왔다.

"남편이 저를 의심합니다. 제가 장로님과 불륜 관계를 갖고 있다고 믿고 있습니다. 밤마다 사실대로 고백하라고 다그칩니다. 요즈음은 폭행까지 합니다. 저는 이런 남편이 무섭습니다. 사실 남편은 순한 사람이었습니다. 다만 신혼 초부터 유난히 의심이 많았습니다. 제가 TV 탤런트를 보고 잘생겼다고 말하면 몹시 화를 냈습니다. 그러나 저는 그것을 애정이 깊기 때문이라고 생각했습니다.

그런데 사건은 한 달 전 구역예배 때 발생했습니다. 제가 구역예배에 늦었습니다. 남편은 미리 와 있었습니다. 남편이 안쪽 목사님 곁에 자리 잡고 있었기 때문에 저는 분위기를 깨지 않으려고 문 바로 앞자리에 앉았습니다. 거기에 장로님이 앉아 계셨어요. 예배 중 장로님과 저는 찬송가도 같이 보고 성경도 같이 보았습니다. 그런데 이걸 보고 남편은 저와 장로님이 보통 사이가 아니라고 생각했던 것입니다. 그날 집에 돌아오자 남편은 참으로 불쾌하고 어처구니없는 의심들을 쏟아 놓았습니다. 밤마다 따지고 다그쳤습니다.

이렇게 시달리던 어느 날 남편이 울면서 내게 애원하듯이 "모든 걸 고백하면 다 용서해 주겠다."고 말했습니다. 저는 남편의 말을 믿고 그냥 사실이라고 거짓말을 했습니다. 인정해 버리면 남편이 수그러들 줄 알았습니다. 남편은 각서를 쓰라고 했습니다. 그것도 써 주었습니다. 그 후 남편은 그 각서를 양말 속에 가지고 다니면서 증거라고 주장합니다. 저는 어찌할 바를 모르겠습니다.”

그 부인의 남편은 의처증이었다. 의처증은 하나의 정신 질환이다. 열등감 때문에 생기는 병이다.★ 의처증 환자들은 신앙처럼 하나의 믿음을 갖고 있다. 그것은 '아무도 나 같은 인간을 사랑할 리 없어.'라는 믿음이다. 어린 시절이 불행했던 사람들이 이런 열등감에 잘 빠진다. 자기가 자신을 부정적으로 보기 때문에 아내도 자기를 사랑할 리 없다고 믿는다. 아내가 아무리 사랑해도 남편은 '저건 위선이다. 진짜 마음은 딴 놈에게 가 있다.'고 믿는 것이다.

의처증도 그 정도가 다양하다. 끈질기고 심한 것부터 비교적 쉽게 빠져나오는 가벼운 의처증도 있다. 우선 정신과적 치료를 시작해야 한다. 다른 정신 질환이 합병되어 있는 경우도 있기 때

★ 이무석 (2006): 부정망상의 정신 질환. 2006년 4월 서울 건국대병원 대강당에서 열린 한국 정신분석학회 춘계학회에서 발표된 논문

문에 그것도 조사해야 한다. 그런데 문제는 환자들이 절대로 정신과에 가지 않겠다고 하는 것이다. '어떻게 정신과에 함께 가느냐.'가 문제다.

그런데 앞서 소개한 부인은 한 가지 실수를 했다. 남편의 의심을 사실로 인정해 준 것이었다. 그래서는 절대로 안 된다. 남편의 의심을 사실로 증명해 주면 치료는 더 어려워진다. 의처증 환자의 부인들은 되도록이면 시간을 남편과 함께 보내 주는 것이 좋다. 모임에도 함께 나가고 취미 생활도 함께 하는 것이 좋다. 남편과 아내 사이에 비밀이 있어서도 안 된다. 남편을 존중하고 칭찬해 주는 것이 좋다. "당신은 참 좋은 아빠예요." "당신은 식성이 까다롭지 않아서 고마워요." "당신이 웃을 때 얼마나 멋진지 당신은 모를 거예요." 남편의 자존감을 높여 주는 것이 효과적이다.

시선 집중이 두려운 사회 공포증

사범대학에 다니는 여대생이 정신과에 찾아왔다. K 양이라고 하자. K 양은 교생실습을 나가야 하는데 떨려서 학생들 앞에 설

수가 없을 것 같다고 했다. 소심한 성격이었다. 평소에도 대중 앞에 서기만 하면, 아니 그런 상황을 상상만 해도 공포증이 일어난다고 했다. 가슴이 방망이질 치고 숨이 가빠지고 진땀이 나고…. 강의 시간에 교수님의 질문을 받을 때도 이 학생은 당황해서 정신이 가물가물해진다고 한다. 아무 생각도 나지 않고 머리가 하얗게 비어 버리는 느낌이라고 했다. 교수님의 질문이 어려워서가 아니고 학생들의 시선이 자기에게 모아진다는 사실 자체가 두려운 것이었다.

며칠 전에는 시내버스를 탔는데 승객들의 시선이 갑자기 자기에게 집중되는 것을 느꼈다. 얼굴이 화끈거리고 견딜 수 없이 불안해서 그냥 내리고 싶었다. 그 후로는 시내버스 타기도 두렵다고 했다. 그렇다고 K 양의 외모가 흉하거나 무슨 결함이 있는 것은 아니었다. 얼굴이 예쁘다는 말을 많이 듣는다고 했다. 나름대로 성실하게 살고 있고 성적도 좋은 편이어서 교수들의 인정도 받고 있었다. "저를 아는 사람들 중 제가 이런 고민을 하는 것을 아는 사람은 아무도 없어요. 부끄러워서 숨기고 있어요. 저는 남의 눈치를 많이 보는 편이고 어릴 때는 부모님의 눈 밖에 날까 봐 초조했지요. 다음 달이면 교생실습을 나가야 하는데 큰 걱정이에요. 잠이 안 와요."라고 호소했다.

이런 마음의 상태를 정신의학에서는 '사회 공포증social phobia'이라고 부른다. 대중 앞에 서기를 병적으로 두려워하는 것이다. 그렇다고 뇌에 무슨 이상이 있거나 정신적으로 이상이 있는 것은 아니다. 무의식에 숨어 있는 어떤 갈등이 원인이 되어 이런 심리 현상을 만들어 낸다. 이런 경험은 정도의 차이가 있을 뿐 누구나 경험할 수 있는 것이다. 통계에 의하면 전체 인구의 약 1%가 K 양 같은 '사회 공포증'에 시달리고 있으며 정신과 외래 환자의 3% 정도가 여기에 속한다고 한다. 우리나라 인구를 5천만 명으로 볼 때 약 50만 명이 '사회 공포증'을 앓고 있다고 볼 수 있다. 적지 않은 숫자다.

대중 앞에 노출되었을 때 왜 공포증을 느끼게 될까? 환자들의 생각을 분석해 보면 이렇게 요약할 수 있다.

'사람들 앞에서 나는 분명히 실수할 거야. 그러면 나의 못난 행동을 보고 사람들은 손가락질하고 비웃고 무시하겠지. 그 창피함과 모욕감을 나는 견딜 수 없어. 그리고 내게 실망한 사람들은 나를 떠나 버릴 텐데…. 버림 받은 내 몰골은 얼마나 비참하고 볼썽사나울까.'

그러나 이것은 상상일 뿐 이런 일이 실제로 일어나는 경우는 거의 없다. 상상의 함정에 스스로 빠져 있는 노이로제 상태인 것

이다. 사회 공포증에 빠진 이들 중 어떤 사람들은 혼자 남모르게 눈물을 흘리며 악전고투하거나 알코올 중독, 마약 중독에 빠지기도 한다.

이런 사람들은 주저하지 말고 정신과 의사를 만나서 도움을 받아야 한다. 많은 환자들이 정신 치료, 인지 행동요법, 약물요법 등을 통해서 도움을 받고 있다. 완벽을 추구하는 성격을 가진 사람들에게 사회 공포증이 잘 온다. 착하고 완벽한 사람으로 인정받으려는 욕구가 너무 강하기 때문이다. 버림 받는 것에 대한 두려움 fear of rejection 이 크기도 하다. 이런 사람들은 자신에게 요구하는 기준이 너무 높다. 그래서 열등감이 심한 이들이 많다.

사회 공포증은 마음에 숨어 있는 아이가 겁을 먹고 있는 것이다. '버림 받을까 봐' '못난이라고 비난받을까 봐' '무능하다고 무시당할까 봐' 겁을 먹고 있다. 그런데 이런 두려움은 근거가 없는 것이 대부분이다. 현실적이지도 않고 객관적이지도 않다. 억울한 것은 자신을 실제 능력보다 훨씬 무능하고 추하게 본다는 것이다. 그래서 자신의 무의식 속에서 '겁먹고 있는 아이'를 발견하는 것이 치료의 첫걸음이다. 자신을 객관적으로 평가해 볼 필요가 있다. 그리고 속으로 자신에게 이렇게 말해 준다.

'나는 나일 뿐이야. 너무 잘나 보일 필요도 없고 그렇다고 열

등감에 빠질 필요도 없어. 너무 작아지지 말자.'

  스스로 자존감을 높여 주어야 한다.

성격 이상자들이
자존감을 유지하는 방법

사람마다 얼굴이 다르다. 쌍둥이도 얼굴이 다르다. 그래서 지구상에는 60억의 다른 얼굴이 있는 셈이다. 한 뼘 크기의 얼굴이 이렇게 다를 수 있다는 것이 경이롭다. 얼굴이 다르듯이 성격도 다양하다. 성격은 성장 과정에서 만들어지는 것이기 때문에 다양할 수밖에 없다. 사람마다 성장 과정이 다르기 때문이다. 형제끼리도 같을 수 없다. 형이 젖 먹을 때의 엄마 나이와 동생이 젖 먹을 때의 엄마 나이가 다르다. 집안이 경제적으로 어려웠을 때 나이도 각기 다르다. 예컨대 아버지가 친구 보증을 섰다가 집안이 망해 온 가족이 외가에서 살았다. 외할머니와 이모들은 냉정하고 불친절했다. 그때 형은 고등학생이었고 동생은 초등학생이었다면 느끼는 아픔이 각기 다를 수밖에 없다.

출생 순위에 따라 달라지는 성격

출생 순위에 따라 성격이 달라진다는 연구 보고도 있다. 장남이나 장녀들은 대체로 부모가 젊을 때 태어나 자란다. 또한 경쟁자도 없이 부모 사랑을 독점한다. 특히 장남들은 '우리 집안의 장손'으로서 특별 대우를 받는다. 이미 확실한 자리가 확보돼 있다. 그래서 장남들은 일반적으로 성격이 보수적이고 안정돼 있다. 투쟁하기보다는 화해하려 하고, 진취적이기보다는 현상 유지를 원한다. 성공하려고 올인하지도 않는다. 아쉬울 게 별로 없는 사람처럼 보인다. 너무나 태평해서 아내들이 답답해하기도 한다.

그러나 차남은 입장이 다르다. 자식을 한번 길러 본 부모의 태도는 달라져 있다. 애지중지하지도 않고 '애들은 다 잘 크게 돼있어.'라고 약간 방치(?)한다. 차남인 아기 입장에서 생각해 보자.

아이는 부모 사랑을 쟁취해야 한다. 형이나 누나에게 쏠려 버린 부모의 부스러기 사랑이라도 얻으려면 아이는 전력투구해야 한다. 떼를 쓰든지 애교를 부리든지 아니면 공부를 잘하든지…. 그래서 차남들은 성격이 투쟁적이다. 성공 지향적이고 진취적이다. 현상 유지는 지루하다고 느낀다. 항상 변화를 추구한다.

그렇다면 늦둥이의 경우는 어떤가? 늦둥이의 부모는 40~50대에 들어서 있다. 20대나 30대의 부모와는 다르다. 이미 인생의 산전수전을 겪어 보았다. 출세를 위해서 동분서주하던 시대는 지나갔다. 이제는 사회적 위치도 경제도 어느 정도 안정을 찾았다. 또한 늦둥이의 부모는 중년기에 와 있기 때문에 자신의 죽음도 생각한다. 그리고 자식이 자기 생명의 연장이라고 생각한다.

이 시기의 부모는 젊을 때 아이를 낳았을 때와 다른 감정을 느낀다. 그래서 늦둥이는 충분한 사랑을 받는다. 젊은 부모의 사랑과는 다른 사랑이다. 치기와 욕심이 배제된 사랑이다. 성숙하고 안정된 부모의 심리 상태는 아이를 안심시키고 안정된 성격을 만들어 준다고 한다. 또한 늦둥이의 부모는 아이를 키워 보았던 경험으로 훨씬 능숙하게 아이를 기른다. 그래서 대체로 늦둥이들의 성격이 안정되어 있다는 연구 보고가 있다.

이렇게 성격은 다양할 수밖에 없다. 정신의학에서 말하는 성격은 '한 사람의 독특한 행동 패턴 life-long behavior pattern'을 말한다. 예컨대 지각하는 사람은 늘 지각한다. 그러나 시간을 칼같이 지키는 사람은 늘 미리 와서 기다린다. 우리는 친구들의 성격을 이미 파악하고 있다. 그래서 늘 지각하던 친구가 약속 장소에 정시에 나타나면 "너 웬일이니. 뭐 잘못 먹었니?" 하고 의아해한다. 늘 지각하는 행동 패턴, 이것이 친구의 성격인 것이다.

그런 친구는 지각만 하는 게 아니다. 매사를 그런 식으로 한다. 리포트도 늦게 내고 꾸어 간 돈도 늦게 갚는다. 음악회에도 늦고 이메일 답장도 늦게 한다. 친구들과 회식을 할 때도 가장 늦게까지 먹고 있다. 꾸물대고 지각하는 것이 그의 '행동 패턴'이고 성격이다.

그런데 이런 성격에 따라 자존감도 달라진다. 성격과 자존감의 관계를 분석해 보도록 하자.

자학적 성격은 희생으로 자존감을 높인다

유난히 자신을 비하하고 자학하는 성격이 있다. 이를 자학적 성격^{masochist}이라 한다. 이런 사람들은 열등감이 심하다. 정신분석 용어를 빌린다면 초자아^{superego} 기능이 너무 가학적이고 처벌적이기 때문에 이런 성격이 된다.* 초자아는 자신을 평가하는 기능을 갖고 있다. 초자아는 도덕적 기준을 제시한다. 죄를 짓고 양심의 가책을 느꼈다면 초자아가 작동하고 있는 것이다. 합리적인 초자아는 사회생활을 하는 데 꼭 필요하다. 그런데 문제는 비합리적으로 가혹한 초자아다. 이런 초자아는 너무 높은 도덕 기준을 강요하고 거기에 미치지 못하면 심한 죄책감을 느끼게 한다. 모든 행동에 100점을 요구하고 99점을 맞아도 0점 처리해 버린다.

이런 초자아를 가진 사람은 초자아를 만족시킬 도리가 없다. 그래서 항상 '나는 부족한 사람이야. 제대로 할 줄 아는 게 아무것도 없어.'라고 평가하거나 혹은 '나는 죄인이야. 나는 벌 받을 거야. 사람들 보기가 부끄러워.'라고 자기를 책망한다. 이런 성격은 자존감을 무너뜨린다. 인생을 즐길 줄도 모른다. '나는 즐길 자격도 없는 놈이야.'라고 초자아가 가로막기 때문이다. 아내와 성생활도 못하고 지나친 금욕주의에 빠지기도 한다. 죄책감

★ 이무석 (2006): 성격구조론, 『정신분석에로의 초대』, 서울, 이유 : pp 110- 122

이 심하기 때문에 처벌 불안이 높다. 죄책감이 심했던 한 환자가 천둥 번개 치는 날 천벌을 받을 것 같아서 불안 발작을 일으켰던 일도 있었다. 자학적 성격을 가진 사람들은 천둥 번개 치는 날을 싫어한다.

인간은 자신을 사랑한다. 그러나 또 다른 한편에서는 자신을 혐오스럽게 생각하기도 한다. 자기 머리를 쥐어박으며 자책하는 사람들을 우리는 흔히 본다.

'나는 왜 이 정도밖에 못될까?' '무능력한 내가 너무 한심하다. 이래 가지고 뭘 할 수 있을까?' '동료들은 인정도 받고 인간 관계도 좋은데, 나는 왜 이 모양일까? 팀장은 나를 볼 때마다 이마를 찌푸린다. 나도 내가 싫다.'

사실 자신에 대한 혐오감은 지독한 고문이다. 당해 보지 않은 사람들은 이해 못한다. 자신이 너무 한심하고 미워서 그런 자신을 세상에서 제거해 버리려는 시도를 하는데 이것이 자살 기도다. 죄책감을 잘 느끼는 사람들이 자살한다. 자기 처벌 욕구가 동기가 된다.

한 청년은 처벌 불안을 해결하려고 스스로 자기를 처벌했다. 자기 성기를 면도칼로 잘라 버렸던 것이다. 비뇨기과에서 나에게 이 청년의 정신감정을 의뢰했다. 놀라웠던 것은 그의 태도였다. 성기를 잘라 버렸기 때문에 염증으로 대단히 고통스러울 것이고 심리적으로도 괴로울 텐데 그는 나의 예상과 달리 전혀 고통스러워하지 않았다. 미소 지으며 나를 맞았고 "저는 괜찮습니다. 그런데 선생님이 저 때문에 수고가 많으시네요." 하고 오히려 나를 위로했다. 예의 바르고 공손한 청년이었다. 침대 옆에 선 어머니는 울고 있었다.

청년은 지나치게 양심적이고 완벽주의적인 성격이었다. 그래서 자위행위와 성에 대한 죄책감으로 괴로워했다. 자위행위를 하지 않으려고 아무리 결심을 하고 또 해도 욕구를 참을 수 없었다. 실패에 실패를 거듭했다. 죄책감은 점점 더 심해졌다. 게다가 최근에는 사창가까지 다녀왔다. 죄책감은 극에 달했고 극단적인 방법을 찾을 수밖에 없었다. 욕구의 근원인 성기를 잘라 버리면 성욕이 사라질 것으로 생각했다. 한밤중에 방문을 걸어 잠그고 절단을 결행했다. 비뇨기과에서 노력했지만 성기를 살릴 수 없었다. 그는 성기를 잃었지만 마음은 신기할 정도로 가볍고 후련하다고 했다.

이 청년처럼 죄책감에 시달리는 사람들은 벌을 받고 싶어 한다. 죄책감으로부터 해방되는 유일한 길은 죄에 대한 대가를 치르는 것이기 때문이다. 그는 성에 대한 죄책감에 시달렸다. 그리고 죗 값을 치르기 위해서 죄의 근원이라고 생각한 성기를 잘라 버렸던 것이다. 육체는 아프고 괴롭지만 마음은 죄책감으로부터 해방된 후련함을 맛보고 있었다. 이 청년은 죄의 근원을 성기로 보았기 때문에 성기를 잘랐다. 그러나 자기 자신이 죄의 근원이라고 생각하는 사람들은 자신을 죽인다. 이것이 자기 처벌로서의 자살이다.

평소에 지나치게 완벽을 추구하고 양심의 가책을 쉽게 받는 사람들이 여기에 잘 빠진다. 남의 비난을 듣지 않으려고 과도하게 신경 쓰는 사람들이다. 예의 바르고 약속 잘 지키고 희생적이고 빈틈없는 사람들이다. 그러나 가혹한 초자아의 위협을 받으며 사는 사람들이다. 가혹한 초자아는 정상적인 욕구까지도 음란죄로 정죄한다. 그리고 죄인은 자존감을 가질 수 없다. 객관적으로 볼 때 성공한 사람인데도 막상 자신은 열등감에 사로잡혀 사는 사람들은 대부분 이런 성격적인 문제를 가진 이들이다.

자학적 성격을 가진 이들은 자존감을 높이기 위해서 지나치게 희생적인 생활을 한다. 가족은 끼니를 굶고 있는데 월급을 고아원에 기부하는 사람들이다. 광신적으로 종교에 매달리기도 한다. 그러나 종교가 그에게 평화를 주기는커녕 죄책감과 갈등만 부추긴다.

그렇다면 가혹한 초자아는 언제 형성되는가? 초자아는 유년
기에 형성된다. 부모가 아이들에게 옳고 그름을 가르치는데, 부
모의 태도가 아이의 내면에 내재화되면 초자아가 된다. 초자아
는 아이 마음속에 살고 있는 부모라고 할 수 있다. 너무 엄한 부
모, 너무 처벌적인 부모가 가혹한 초자아를 만든다. 아이다운
잘못에 대해서 지나친 벌을 주는 부모의 자식들이 가혹한 초자
아를 갖는다. 아이가 도달할 수 없는 너무 높은 이상을 요구하는
것도 문제의 초자아를 만든다.

말과 행동이 다른 부모도 아이를 혼란스럽게 한다. 예를 들면
"남의 물건에 손을 대서는 안 된다."고 가르친 엄마가 있다고 하
자. 그런데 아이가 친구 집에서 친구 엄마의 진주 목걸이를 훔쳐
왔다. "엄마 드리려고 가져왔어요." 이때 엄마가 "우리 아들이
효자네." 하고 감동한다면 아이는 혼란에 빠진다. 일관되고 합
리적인 초자아를 기대할 수 없다. 부모가 너무 나약하고 부드러
워도 초자아는 비정상적이 된다.

낮은 자존감으로 괴로워하는 사람들은 자신의 성격을 분석해
볼 필요가 있다. 특히 유년기의 부모와 자신의 관계를 돌아봐야

한다. 부모의 양육 방식에 대해서 생각해 봐야 한다. 정신과 의사들은 정신 치료를 시작할 때 "부모에 대한 최초의 기억이 무엇입니까?"라고 묻는다. 부모 자식 관계에 대한 많은 정보를 얻을 수 있기 때문이다. 자신의 성격 내부에 남아 있는 부모의 흔적을 이해하고 부정적 영향을 교정하는 것은 당신의 몫이다.

정신 치료자의 도움을 받으면 훨씬 쉬워진다. 때로는 부모가 원망스러울 것이다. 그러나 억울하게 들릴 수도 있지만 부모를 원망하는 것은 자존감 회복에 별 도움이 되지 않는다. 부모는 부모의 성격과 환경 때문에 그럴 수밖에 없었다고 이해해 드리는 것이 좋다. 세상에 완벽한 부모는 없는 것이다. 이 문제에 대해서는 다음 장에서 더 다루겠다.

강박적 성격은 주도권이 자존감을 준다*

성격이 강박적인 사람은 세 가지 특징이 있다.**

첫째는 청결 cleanness 이다. 집안을 쓸고 닦고…. 얼마나 청결한지 화장실 바닥에 떨어진 밥풀을 주워 먹어도 될 정도다. 한 젊은 부인은 화장실 바닥을 너무나 자주 문질러서 이사한 지 석 달

만에 타일이 벗겨진 일도 있었다. 그녀는 아이 기저귀를 갈 때도 갈등이 심했다. 아이의 엉덩이를 닦고 또 닦아도 더러운 것이 묻어 있을 것 같아서 불안하다고 했다. 아이의 항문 주위가 벌겋게 염증이 생겨 있었다. 아이가 안쓰러워도 닦고 또 닦지 않을 수가 없다고 했다.

강박 성격자들은 목욕도 자주 하고 특히 손을 자주 씻는다. 겨울에 손을 너무 자주 씻어서 손에 동상이 걸린 청년도 있었다. 어떤 사람은 집에 도착하자마자 흰 장갑을 끼고 창틀을 문질러 본다. 검은 먼지가 묻어나면 집안이 발칵 뒤집힌다. 대청소를 해야 한다. 청결이 좋아서가 아니다. 불결이 두려워서 이러는 것이다. 성생활도 불편하다. 성관계 전후에 복잡한 청결 의식이 필요하다. 비누로 정해진 횟수만큼 씻고, 화장지와 로션을 사용하는 등 너무 복잡하다. 성병에 대한 공포도 심하다. 한 대학 교수는 공중 화장실에 못 갔다. 변기에 묻어 있는 성병 균이 오줌 줄기를 타고 올라와 성병에 걸릴 것 같아서….

이렇게 강박 성격의 밑에는 불결에 대한 병적인 두려움이 숨

★ 이무석 (2006) : 항문기, 『정신분석에로의 초대』, 서울, 이유 : pp 131-133
★★ 대한 신경정신의학회 (2005) : 강박성 인격장애, 『신경정신의학』, 서울, 중앙 문화사. pp 378-380

어 있다. 자기가 정해 놓은 청결의 기준이 있다. 그 기준에 맞을 때까지 안심할 수 없다. 그래서 주도권having control이 필요하다. 주도권을 갖고 있어야 집요하게 요구하고 또 요구할 수 있기 때문이다. 청결의 기준에 도달했을 때 안심할 뿐만 아니라 자존감이 생긴다.

'나는 더럽지 않아. 그래서 사람들이 나를 싫어하지 않을 거야.'

강박 성격의 두 번째 특징은 정리 정돈orderliness이다. 모든 것이 제자리에 있어야 한다. 책꽂이에 책은 키 순서대로 꽂혀 있어야 하고 옷은 계절별, 색깔별로 정돈돼 있어야 안심이 된다. 신발장도 칸마다 넣을 구두와 운동화가 정해져 있다. 출근길에 바빠서 3번 칸에 넣을 구두를 1번 칸에 잘못 넣었다면 구두 생각에 마음이 혼란스러워 일을 제대로 못한다. 점심시간에 택시로 집에 돌아가 3번 칸에 넣어야 비로소 안심이 된다. 강박 성격의 환자는 면담 중에 내 넥타이가 조금 비뚤어져 있는 것을 보면 못 견딘다. 아주 조심스럽게 "선생님 넥타이가⋯." 하고 지적한다. 내 책상 위에 놓여 있는 책도 책의 선과 책상의 선이 평행이 되어야 안심한다. 비스듬히 놓여 있으면 슬그머니 바로잡아 놓는

'아니, 왜 저 나무만 키가 큰 거야!'

다. 꼭 그렇게 해야 할 이유는 없다. 다만 그렇게 정돈돼 있지 않으면 불안해서 그러는 것이다.

강박 성격의 세 번째 특징은 시간 엄수punctualness다. 시간을 칼같이 지킨다. 약속 시간보다 항상 먼저 도착한다. 정시를 좋아한다. 상대방이 다만 몇 분이라도 늦으면 갑자기 화가 치민다. 지각하는 사람을 경멸한다. 그의 스케줄 표는 분 단위로 짜여 있다. 그가 제일 기분 좋은 날은 그 스케줄대로 착착 맞아떨어진 날이다. 정신치료 시간도 치료자의 형편을 따르는 것이 아니라 자기 스케줄에 치료자가 따라와 주기를 바란다. 시간의 주도권을 자기가 가져가려는 것이다.

강박 성격자는 어떻게 해서라도 주도권을 쥐려고 한다. 주도권을 빼앗겼다고 생각되면 엄청난 분노가 터져 나온다. 자기는 항상 옳고 신중한 결론을 내리고 있다고 믿기 때문이다. 그런 자기 의견에 반대하는 사람은 무식하고 게으른 사람으로 본다. 심지어 자기를 파괴하려는 적으로 보기까지 한다. 그런데 사실은 남을 지배하고 주도하려는 욕심 때문에 주도권을 쥐려는 것이 아니다. 주도권을 잃을까 두려워서 그러는 것이다. 주도권을 쥐어야 비로소 안심되기 때문이다. 그래야 자존감을 유지할 수 있다.

'그러면 그렇지. 역시 내 생각이 옳았어. 나만큼 사려 깊은 사람은 없을 거야.'

그러나 그는 주도권을 쥐기 위해서 늘 투쟁해야 하고 대인 관계에서 비싼 희생을 치러야 한다. 그리고 매사에 주도권 쥐기가 그렇게 쉬운 일도 아니다. 그래서 강박 성격자의 자존감은 늘 위협을 받는다.

정신분석의 창시자 프로이트는 이런 성격이 두세 살 때 어머니가 대소변 가리기를 너무 엄하게 시켰기 때문이라고 했다. 어머니는 용변을 잘 가리는 청결한 아이가 되라고 요구한다. 아이는 어머니의 사랑을 잃지 않으려고 청결과 순종에 목을 매게 된다. 그래서 청결, 정돈, 시간 엄수에 집착하게 된다. 그러나 마음 한편에는 어머니를 제치고 자기가 주도권을 갖고 싶은 욕구가 있다. 똥을 싸고 싶을 때 제 마음대로 싸고, 그러고 싶지 않을 때는 참을 수도 있는 주도권을 자기가 갖고 싶은 것이다. 어머니가 너무 엄하게 대소변 가리기를 시키면 아이는 어머니의 사랑을 잃고 싶지 않아서 강박적으로 어머니에게 복종하는 강박 성격이 되고 만다. 아이 키우는 엄마들이 잘 새겨들을 이론이다.

히스테리 성격은 인기와 외모가 자존감을 준다

히스테리 성격을 연극적 성격*이라고도 한다. 배우들처럼 연기를 하기 때문이다. 배우가 인기를 위해서 연기하듯이 히스테리 성격자들도 인기를 위해서 사는 사람들같이 보인다. 자기에게 호감을 갖게 하려고 연기를 한다. 동정심을 사기 위해서 지금 울어야겠다고 생각하면 금세 눈물을 철철 흘린다. 남편의 관심을 끌기 위해서 의식을 잃고 쓰러지기도 한다. 그런데 절대로 맨바닥에 쓰러지는 법은 없다. 안전한 매트리스 위로만 쓰러진다. 우스갯소리도 잘하고 애교도 만점이다.

히스테리 성격은 여성에게 많은데 이런 사람들은 감정이 풍부하여 잘 웃고 잘 울기도 한다. 애교가 넘치고 붙임성도 있어서 귀여움을 독차지하기도 한다. 어떤 모임에 이런 사람이 한 명만 있어도 모임은 즐겁고 생기가 넘친다. 남 앞에서 발표하기를 좋아한다. 노래 부르기도 좋아하고 레크리에이션 리더도 잘한다. 예술적 감각이 뛰어난 사람들도 있다. 그래서 탤런트들 중에 이

★ 대한 신경정신의학회(2005): 히스테리 인격 장애, 『신경정신의학』. 서울, 중앙 문화사. pp 371-372

런 성격이 많다.

　그런데 문제는 인간관계의 깊이가 없다는 것이다. 자기에게 관심을 갖게 만들면 그것으로 끝이다. 목적 달성이다. 지속적인 관계를 형성하지 못한다. 그래서 인간관계가 대단히 천박하고 얇다. 또한 히스테리 성격자들은 유혹적이다. 의사를 유혹하는 환자들은 대개 히스테리 성격을 가진 사람들이다. 가슴이 깊게 파인 옷을 입고 진찰실에 나타난다. 자꾸 허리를 굽혀서 의사가 시선 둘 바를 모르게 한다. 향수 냄새가 진동하고 화장도 짙다. 자기 증상을 설명하는 것보다 어떻게 하면 자기가 더 멋지게 보일 수 있을까에 더 관심이 많다. 의사의 생일이나 적절한 시기에 감동적인 선물도 한다. 그러나 일단 가까워지면 갑자기 싫증을 느낀다. 그리고 다른 대상을 찾는다. 불감증인 여성도 많다.

　히스테리 성격은 인기가 자존감을 유지시켜 준다.

　'나는 매력적이야. 사람들은 나의 매력에 빠졌어.'

　이것이 확인될 때 자존감을 느낀다. 자존감을 유지하기 위해서 외모도 예뻐야 하고 잘 웃기고 인기를 끌어야 한다. 그러나 인기가 떨어졌을 때 무서울 정도로 자존감이 무너지고 비참한 기분에 빠진다. 우울증에 빠지고 자살 소동을 벌이기도 한다. 그러나 대부분의 자살 소동은 제스처일 뿐 실제로 자살에 성공

(?)하는 일은 드물다.

　정신분석에서는 히스테리 성격이 되는 이유가 아버지에 대한 집착이라고 한다. 남성 히스테리는 어머니에 대한 집착이 원인이 된다. 여자 아이의 경우 아버지에게 예쁘게 보이고 싶고, 아버지의 사랑을 독점하고 싶은 오이디푸스 욕망이 히스테리 성격의 배경을 이루고 있다. 그러나 막상 아버지와 가까워지면 무섭다. 근친상간이 되므로 친근해지는 것을 위험으로 인식하기 때문이다. 히스테리 성격자들이 이성을 끊임없이 유혹하지만 막상 가까워지면 피하는 이유가 여기에 있다. 불감증이 되는 이유도 여기서 찾을 수 있다.

자기애적 성격은 권력과 돈이 자존감을 준다

　자기애적 성격을 나르시시스트narcissist라 한다.★ 우월주의에 빠져 있고 특권 의식에 차 있는 사람이다. 자기가 얼마나 훌륭한

★ 대한 신경정신의학회(2005) : 자기애성 인격 장애, 『신경정신의학』 서울, 중앙 문화사. pp 372-374

사람인가를 주장하고 칭송과 찬사를 기대한다. 소위 공주병이 여기에 속한다. 자기가 공주면 친구들은 모두 시녀가 되는 것이다. 실제로 주변 사람들을 시녀 취급한다. 자기를 위해서 시녀처럼 봉사해야 하고 또 그것을 영광으로 알라고 주장한다.

드라마 〈엄마가 뿔났다〉에서 고은아(장미희 씨 역) 여사가 전형적인 나르시시스트이다. 며느리에게 아이를 갖지 말라고 요구한다. 이유는 자기가 할머니가 되는 것이 싫기 때문이란다. 상대방의 입장은 안중에도 없고 자기 입장만 생각하는 사람이다. 냉혹하고 비정하다. 부인이 고열로 신음하며 앓고 있는데 아침식사를 차려 주지 않는다고 화를 내는 남편이 이런 성격이다.

아랫사람의 논문을 빼앗아서 자기 이름으로 발표하는 '교수 나르시시스트'도 있다. 아랫사람이 학회에서 자기보다 더 유명해지면 대학에서 쫓아내 버린다. 부인에게는 종처럼 자기 말에 복종하라고 명령한다. 친정에 가서 돈을 가져오라고 명령하는 등 주위 사람들을 착취하기 때문에 부인이나 자식들의 인생은 파괴된다. 나는 우울증에 빠진 나르시시스트의 아내를 여러 명 치료했다. 그러나 나르시시스트는 아내에게 우울증이 생긴 것이 자기 때문이라는 생각을 못한다. 대단히 이기적이고 인정머리 없는 성격이다.

강마에는 나르시시스트?

드라마 〈베토벤 바이러스〉를 재미있게 보았다. 극 중 주인공 '강마에'가 전형적인 나르시시스트이다. 작가가 어떻게 자기도취적 성격을 저렇게도 잘 묘사할 수 있었을까? 경이로울 정도였다.

강마에는 오케스트라 지휘자다. 대단한 실력자로 인정받고 있지만 '오케스트라 킬러'라는 별명을 갖고 있다. 대통령 앞에서 연주하는 날 연주를 중단한 일도 있었다. 자기가 지휘하는 오케스트라 단원들이 너무 형편없어서 연주를 계속할 수 없다고 했다. 표면적 이유는 음악을 망치는 연주를 할 수 없기 때문이라고 했지만 이는 이기적인 자기 합리화였다. 자기같이 훌륭한 지휘자의 격에 맞지 않는 오케스트라라는 것이 진짜 이유였다. 단원들이나 관객들의 입장은 안중에도 없는 태도였다. 이런 그가 그의 말대로 쓰레기 같은 단원들로 구성된 시립 오케스트라를 맡게 되었다.

여성 첼리스트가 있었다. 음대를 나왔지만 남편과 아이들 뒤치다꺼리를 하느라 악기를 놓은 지 오래였다. 그러나 꿈을 가지고 시립 오케스트라 단원으로 지원했다. 강마에는 연습 첫날 모든 단원들 앞에서 "당신 같은 사람을 뭐라 부르는지 알아? 똥!

덩!어!리!라고 해."라고 말했다. 그녀의 표정은 처참하게 일그러
졌다. 사람을 앞에다 놓고 어떻게 그런 심한 말을 할 수 있을까?
대단히 비인간적이다. 그러나 나르시시스트 강마에에게는 쉬운
일이다. 너무나 자연스럽게 그런 말이 튀어나온다.

강마에에게 그 여성 첼리스트는 자기의 명예를 무너트리려고
공격하는 적으로 보이기 때문이다. 적은 사살하거나 격퇴시켜
야 한다. 강마에는 그녀에게 첼로를 그만두고 나가라고 명령한
다. 강마에 같은 나르시시스트의 관심은 오로지 힘, 실력과 성
공에만 집중되어 있다. 단원들의 아픔에 전혀 공감할 수 없다.
힘의 논리가 그를 지배하고 있기 때문이다. 세상을 힘겨루기
power struggle의 전쟁터로 본다. 약자는 죽어야 하고 강자는 영광을
누려야 한다.

실제로 강마에는 어릴 때 사지 마비가 된 어머니를 방치하여
죽게 했다. 어머니는 사지를 쓰지 못하고 식물인간처럼 누워 있
었다. 가래가 차도 기침을 하지 못했다. 옆에서 누군가가 가래를
뽑아 주지 않으면 어머니는 질식해 죽을 수밖에 없는 상황이었
다. 어린 강마에가 이렇게 병든 어머니를 돌보고 있었다. 가래가
차면 빼 줘야 했다. 그런데 어느 날 오케스트라의 연주 소리와
청중의 박수갈채를 받는 지휘자가 되는 상상을 하느라고 어머니

를 방치했다. 어머니는 질식해 죽고 말았다. 그에게 가난하고 힘없는 어머니는 무가치한 인간이었다. 그의 마음은 무가치한 어머니를 떠나서 힘있고 갈채와 찬사를 받는 지휘자의 자리에 가 있었다.

그리고 마침내 강마에는 지휘자로서 성공했다. 힘과 영광을 쟁취했으나 그는 행복하지 않았다. 사랑의 감정도 잠깐 느끼지만 도무지 남의 옷을 입은 것처럼 어색했다. 주변 사람들과의 관계도 좋지 못했다. 주변 사람들을 자주 모욕하기 때문에 결국 상처만 주고 갈등에 빠졌다. 그에게 다정하고 친밀한 사람은 없었다. 힘있는 사람과 힘없는 사람이 있을 뿐이었다. 결국 그는 시립 오케스트라를 이용해 먹고 단원들을 버렸다. 새 오케스트라의 단원이 될 것이라는 기대에 부풀어 있었던 단원들은 배신감을 느꼈다. 강마에다웠다.

모두 강마에가 될 필요는 없다

강마에의 매력은 두 가지이다.

첫째는 누구 앞에서도 기죽지 않는다는 것이다. 하고 싶은 말을, 그 말들은 대부분 상대를 비난하는 말이지만, 거침없이 뱉어 버린다. 전혀 눈치 보지 않을 뿐만 아니라 상대의 입장에 대한 배려도 없다. 일반인들은 감히 상상할 수도 없는 태도다. 보통 사람들은 상대의 기분을 살펴 가며 말하고 상대가 아파할 말은 참는다. 그 말을 꼭 해야 할 때는 여러 번 생각하고 단어를 골라서 조심스럽게 말한다. 내 말을 듣고 아파할 상대편의 감정이 느껴지기 때문이다. 이런 능력을 공감 능력이라 한다.

그러나 나르시시스트는 공감 능력이 결핍되어 있다. 강마에도 공감할 줄 몰랐다. 질식하며 죽어 가는 어머니의 고통을 느낄 수 없었다. 그의 관심은 청중의 갈채를 받는 지휘자가 되는 것뿐이었다. 비정한 사람이다.

나르시시스트의 이런 거침없는 태도는 일반인들의 부러움을 사기도 한다. 매력적으로 보인다. 특히 자존감이 낮아서 남의 눈치를 지나치게 보는 사람들은 강마에의 태도가 마냥 부럽기만 하다. '어떻게 저렇게 용감할 수 있을까? 제발 나도 저렇게 눈치 좀 안 보고 살 수 있었으면 좋겠다. 단 하루를 살아도 저렇게 기죽지 않고 당당하게 살고 싶다.'

그러나 부러워할 일이 아니다. 나르시시스트의 인간관계는 번번이 파괴되고 어느 날 그는 자기가 자기를 미워하는 사람들 속에서 살고 있는 것을 깨닫는다. 진정으로 자기를 좋아하는 사람들은 모두 떠나 버리고 자기의 힘이 필요한 사람들만 곁에 남아 있는 것을 보고 초조해지기도 한다. 이용 가치가 없어지면 그들도 미련 없이 자기를 버릴 것을 그는 누구보다 잘 안다. 자기가 그렇게 했으므로…. 그래서 나르시시스트들은 사회적인 힘을 잃어버리는 노년기에 특히 외로워진다.

강마에 같은 나르시시스트의 두 번째 매력은 힘의 논리를 신봉하는 것이다. 강자가 약자 위에 군림하는 것은 당연한 질서라고 주장한다. 실력 없는 대원들이 쓰레기나 똥덩어리 취급을 당하는 것은 당연하다는 것이다. 그리고 그런 대우를 받지 않으려거든 실력을 쌓고 철저히 준비하라고 한다. 무시당하지 않으려면 강해지라는 것이다. 강자는 선이고 약자는 악이다. 실력 있는 자는 인정받고, 실력 없는 자는 무시당한다. 실제로 똥덩어리 첼리스트는 열심히 연습하여 훌륭한 연주를 해냈다. 만족스러운 것은 아니었지만 강마에의 인정도 받았다.

이런 힘의 논리는 그럴듯해 보인다. 그래서 우리 사회 구성원들 중 많은 사람들이 이 논리에 갈채를 보낸다. 특히 자존감이 낮은 사람들은 힘에 대한 욕구가 강하다. 자존감이 낮은 사람들은 '내가 힘만 있다면 이렇게 무시당하지 않을 텐데….'라는 생각을 자주 하는 사람들이다. 그래서 힘을 부르짖는 강마에에게 열광한다.

그러나 사실 정신분석학에서는 나르시시스트가 되는 이유를 아이러니하게도 낮은 자존감에서 찾고 있다. 나르시시스트들은 무의식에 한 가지 믿음을 가지고 있다는 것이다. '나는 약하다. 무슨 짓을 해서라도 남들의 찬사를 확보해야 하고, 높은 자리와 힘을 가져야 한다. 내게 힘이 없으면 틀림없이 사람들은 나를 짓밟을 것이다.' 그래서 높은 자리를 좋아하고 권력 있는 자리, 돈, 명예에 집착하는 것이다. 힘의 논리가 나르시시스트의 마음에 맞다.

자기가 강해지기 위해서 남의 힘을 착취하기도 한다. 또한 자기가 최고가 되기 위해서 경쟁자들을 제거한다. 그의 주위에는 이용당하고 버림 받은 사람들이 많다. 정신분석에서는 나르시시스트들이 사람을 오렌지 취급한다고 묘사한다. 생선회를 먹을 때 회 위에 오렌지를 짜서 뿌리고 단물이 빠져 버린 오렌지를 쓰레기통에 버리듯이, 인간도 이용 가치가 없어지면 쓰레기 취급한다. 아내도 오렌지 취급한다. 자식들도 종처럼 살아야 한다.

친구들은 그의 의견에 반대 소리를 낼 수 없다. 의견이 다르면 굉장히 화를 내고 미워하기 때문이다. "그래, 그래. 네가 다 옳아." 그래야 관계가 유지된다. 그러다 보면 주변 사람들도 자존심이 상하고 화가 난다. 그를 떠나기도 한다. 피치 못해 그의 주위에 머물러야 하는 사람들은 착취당하고 서서히 파괴된다. 아내들은 우울증에 빠진다.

힘의 논리는 그럴듯한 논리이다. 실력을 쌓으라는 데 누가 반대하겠는가? 누가 힘을 비축하는 것을 반대하겠는가? 하지만 힘의 논리는 비정한 철학이다. 무서운 결과를 낳는다. 사람들의 자존감을 무너트리는 철학이다. 이런 철학을 따르면 누군가 승자가 될 때 다른 누군가는 패배자가 되어 자존감을 잃어야 한다.

니체는 '권력에의 의지will to power'를 주장했다. 히틀러는 니체의 사상을 이용했다. "나에게는 위대하고 강한 게르만 민족을 유지하기 위해서 쓰레기 같은 유태인을 멸종시킬 권리가 있다."고 주장하고 600만 명의 유태인을 학살했다. 인류 최대의 비극이었고 수치였다. 힘의 논리는 정글의 법칙을 따른다. 강자는 살아남고 약자는 무력하게 먹힐 수밖에 없다. 가장 강한 자만이 전체를 지배하고 자존감을 누릴 수 있다. 그래서 나르시시스트들은 권력과 돈 같은 힘을 가질 때 자존감이 유지된다.

그러나 자존감을 유지하기 위해서 가장 힘센 자가 될 필요는 없다. 모두가 강마에가 될 필요도 없다. 모두가 최고가 될 필요도 없다. 그럴 수도 없다. 강한 자는 강한 대로 자존감을 갖고 살지만 약한 자는 약한 대로 자존감을 갖고 사는 것이 인생이다. 오케스트라에는 트럼펫이나 바이올린같이 화려한 음을 내는 악기도 필요하지만 피콜로같이 작은 악기도 꼭 필요하다. 피콜로가 독주 악기가 아니라고 해서 열등감을 느낄 필요가 없는 것이다.

인생을 승자와 패자의 논리로 볼 일이 아니다. 다양성으로 보자. 우리의 자존감은 60억의 다양한 인간 중 한 사람으로서의 자존감이다. 지구상의 유일한 존재로서의 자존감이다. 예컨대 자식들의 유일한 아버지로서, 어머니로서의 자존감이다. 내 어머니나 아버지가 내게 그렇게도 소중한 분인 것처럼 나도 내 자식에게 그렇게 소중한 어머니이고 아버지인 것이다. 내 친구들에게도 그렇고 내 동료들과 제자들에게도 그렇다.

자존감이 성격에 어떤 영향을 미칠까?

🍃 정신 질환의 원인은 열등감 때문이다

- 낮은 자존감을 가진 사람들은 정신 질환에 잘 걸린다. 의처증, 우울증, 정신분열증, 사회 공포증 같은 정신 질환에 걸린 사람들은 지나치게 자기 비하적이다. 누군가 칭찬을 해도 "고맙습니다."라는 말을 못하고 오히려 자신을 깎아내린다.

- 의처증은 열등감 때문에 생기는 병이다. 그들은 '아무도 나 같은 인간을 사랑할리 없어.'라는 믿음을 가지고 있다. 자기가 자신을 부정적으로 보기 때문에 아내도 자기를 사랑할 리 없다고 믿는다.

- 대중 앞에 서기를 병적으로 두려워하는 사회 공포증. 이는 무의식에 숨어있는 갈등이 원인인 경우가 많다. 특히 완벽주의적인 성격을 가진 사람들에게 사회 공포증이 잘 온다. 그들의 무의식 속에 '겁먹고 있는 아이'가 있다. 자신을 객관적으로 평가하지 못하고 열등감에 빠져 있다.

🍃 성격 이상자들이 자존감을 유지하는 방법

- 양심의 가책을 쉽게 받고 자신을 혐오스럽게 생각하는 자학적 성격은 희생과 봉사를 통해 자존감을 높인다. 이들은 죄책감이 지나쳐 죄에 대한 대가를 치르기 위해 벌을 받고 싶어 한다.

- 청결, 정돈, 시간엄수에 집착하는 강박적 성격의 사람들은 어떻게 해서라도 주도권을 쥐려고 한다. 그래야 자기가 원하는 수준의 청결, 정돈이 유지될 수 있기 때문이다.

- 다른 사람의 관심과 인기를 얻기 위해 사는 히스테리 성격을 가진 사람은 인기가 자존감을 유지시켜 준다. 인기가 떨어졌을 때 무서울 정도로 자존감이 무너지고 우울증에 빠지기 쉽다.

- 우월주의에 빠져 있고 특권의식에 차있는 자기애적 성격을 가진 사람은 가장 강한 자만이 전체를 지배할 수 있다고 생각한다. 그래서 나르시시스트들은 권력과 돈 같은 힘을 가질 때 자존감이 유지된다.

누구나 자존감을
높일 수 있다

나를 보는
용기가 필요하다

　　　　　　　　　　　　　지금까지 자존감을 상실
하는 이유에 대해서 설명했고 자존감을 상실한 사람들의 고통,
즉 열등감의 고통에 대해서 소개했다. 먼저 말하고 싶은 것은 열
등감이 왜 생기느냐 하는 것이다. 한마디로 자신에 대한 관점이
부정적이기 때문에 생긴다. 실제로 능력이 없는 사람이 "나는
무능해."라고 말한다면 그것은 현실이다. 열등감이 아니다. 열
등감은 자신의 능력을 실제보다 더 낮게 보는 관점의 문제다. 대
부분의 경우 열등감을 가진 사람들은 자신의 관점에 문제가 있
다고 믿지 않는다. 그래서 열등감을 극복하기 위해서는 자신이

가진 부정적 관점을 먼저 인식하고 바꾸는 것이 숙제다.

자신에 대한 관점은 유년기 경험이 좌우한다. 반복해서 말하지만 '마음속의 아이'의 영향 때문에 열등감이 생긴다. 이 아이의 영향권에서 벗어나는 것이 부정적 관점을 바꾸는 계기가 된다. 이 책의 1부에서 소개한 펀드매니저 G가 좋은 예이다. 그의 열등감은 가난한 아버지로부터 시작했다. 그걸 깨닫고 그는 열등감에서 벗어났다. 자신에게 물어보자.

'나의 열등감은 언제 시작되었는가?' '내 열등감을 지배하는 마음속의 아이는 어떤 아이인가?'

자기 성찰을 통해서 이 아이를 만나 볼 필요가 있다. 부정적 관점을 발견하고 현실적인 관점으로 바꾸면 그만큼 열등감에서 벗어날 수 있다. 그런데 여기에는 많은 노력과 시간이 필요하다. 용기도 필요하다.

어릴 때 자존감을 상실한 이유는 수천 가지도 더 될 것이다. 성인이 된 후에도 수시로 우리의 자존감은 공격받는다. 낮아진 자존감을 회복하는 방법은 없을까? 드물지만 자신의 열등감을 발견하는 순간에 극적으로 자존감이 회복되는 분들도 있다. 그러나 자존감을 회복하는 과정은 느리고 힘든 과정이라고 말하지 않을 수 없다.

인간 자체로서
당신은 소중한 존재다

　　　　　　　　한번 형성된 열등감은 바꿀 수 없나? 한마디로 대답한다면, 바꿀 수 있다. 열등감은 자신의 외모나 능력이 자기가 생각하는 기준에 미치지 못할 때 그런 자신을 부끄럽게 생각하는 심리이다. 그러나 이런 열등감은 외적 조건에 상관없이 자신의 가치를 인정하고 자기 권리를 주장할 수 있을 때 사라진다. 그래서 무조건적 수용 unconditional acceptance 의 경험이 필수다.

　　무조건적 수용이란 말 그대로 '조건 없이, 나를 있는 그대로 인정하고 받아 주는 경험'이다. 좋은 어머니가 아이에게 주는 대우다. '내가 예쁘지 않고 눈은 쌍꺼풀이 아니어도 엄마는 날 사랑하셔.' '내가 일류 대학을 나오지 않았어도….' '내 연봉이 별 볼일 없이 낮아도….' 그런 조건에 상관없이 나를 좋아해 주고, 인정받는 경험이다. 이런 좋은 대우를 진심으로 받으면 조건에 구애받지 않고 자신을 인정할 수 있게 된다. 자존감이 회복되는 것이다.

〈공주와 개구리〉라는 동화가 있다. 왕자가 마녀의 주술에 걸려 개구리가 되었다. 사랑을 받을 때에야 풀리는 주술이었다. 그러나 누가 추한 개구리를 사랑하겠는가? 개구리가 된 왕자는 어두운 우물 속에서 우울한 나날을 보냈다. 그러던 어느 날 공주의 공이 우물 속에 빠졌다. 개구리 왕자가 공을 건져 주었다. 이 일을 계기로 개구리 왕자는 공주와 궁전에서 함께 살게 되었다. 어느 날 공주는 개구리 이야기를 듣고 개구리가 불쌍해서 울었다. 그 눈물 한 방울이 개구리에게 떨어졌고 왕자에게 걸렸던 주술이 풀렸다. 개구리는 왕자로 돌아왔다. 그리고 공주와 왕자는 결혼하여 잘 먹고 잘 살았단다. 감동적인 해피엔딩이다. 공주의 눈물이라는 진심이 얼마나 강력한 치유 효과를 발휘하는가를 보여 준다.

나는 우울한 열등감의 늪에 빠져 사는 사람들을 보면 개구리가 된 왕자가 생각난다. 그들은 이렇게 말하는 것 같다.

"나는 실은 왕자예요. 그런데 아무도 나를 알아주지 않아요. 오히려 나에게 혐오감을 느끼는 눈치예요. 아무래도 나한테서 불쾌한 냄새가 나나 봐요. 사람들이 나를 피하고 싫어해요. 자존심 상하고 창피해서 외출도 못하겠어요."

나는 이런 환자들을 많이 만났다. 이런 사람들이 진정으로 자기를 좋아해 주는 사람을 만나면 치유가 일어난다. 물론 이런 대우를 받을 때 처음에는 '이럴 리가 없는데?' 하고 믿지 못한다. 그러나 시간이 흐르면서 진심이 통하면 자신에 대한 인식도 긍정적인 것으로 변한다. 한 인간으로서 자기 가치를 인정받는 경험을 하면 유년기에 잘못 형성된 자기 인식이 변한다. 이런 경험은 치유적 경험이다. 보통은 사랑하는 사람을 통해서 이런 경험을 할 수 있다. 목사나 성직자, 정신 치료자를 통해서도 이런 경험을 할 수 있다.

그러나 인간이 무조건적으로 상대를 인정하고 사랑하기는 어렵다. 우리의 외모나 사회적인 지위, 능력에 관계없이 한결같이 무조건적으로 우리를 받아 주고 가치를 인정해 줄 사람은 아무도 없다. 인정받기 위해서 잘난 모습을 항상 유지해야 하는데 그

것이 어렵기 때문에 다시 열등감에 빠지는 것이다. 그러나 어떤 분들은 신앙을 통해서 구원을 받는다. 한 장로는 "하나님은 나를 태중에서 지으셨고 내 부끄러운 부분들까지 속속들이 아신다. 그런데도 그분은 나를 소중하게 여기셨고 사랑하셨다. 이제 나는 부족하지만 내 모습 그대로를 받아들일 수 있게 되었다. 내가 나 된 것은 하나님의 은혜다." 라고 말했다. 신앙을 통하여 자존감을 회복한 경우다.

미운 오리 새끼 자존감

외모도, 지위도, 성공도 다 일시적이지만 변하지 않는 것은 내면적인 자존감이다.

이런 자존감은 대개 유년기에 부모-자식 간의 관계에서 형성된다. 부모만이 무조건적으로 자식을 인정하고 받아줄 수 있기 때문이다. 자식이 무능력하거나 장애인이어도 부모는 자식을 있는 그대로 사랑한다. 이런 경험을 반복하면서 아이는 자기가 한 인간으로서 사랑받는 존재라는 자존감을 갖게 된다.

그런데 부모의 눈 밖에 난 아이들, 부모의 기대를 충족시켜 주지 못한 아이들, 우울한 부모의 아이들이나 너무나 바쁜 부모의 아이들은 '무조건적 자기 수용의 경험'을 하지 못한다. 아이는 자기가 부모의 사랑을 받지 못하는 것은 '미운 오리 새끼'같이 무능하고 혐오감 주는 아이이기 때문이라고 해석한다. 이때부터 낮은 자존감, '미운 오리 새끼 자존감'이 자리 잡기 시작한다. 아이는 자기가 잘난 아이, 자랑스러운 아이, 착한 아이가 되지 못하면 부모에게 외면당하고 버림 받을 것이라고 믿는다.

사실 아이가 부모에게 버림 받는 것은 상상할 수 없을 만큼 두려운 일이기 때문에 아이는 부모가 원하는 아이가 되려고 필사적으로 노력한다. 그러나 부모의 눈높이에 자신을 맞추기가 그렇게 쉬운 일이 아니다. 더구나 아이가 생각하는 부모의 눈높이는 실제적인 부모의 요구보다 훨씬 더 높다. 그 높이는 '이 정도는 돼야 엄마, 아빠가 만족하실 거야.' 하고 아이의 상상이 만들어 낸 기준이기 때문이다. 나이 들수록 마음속의 기준은 점점 더 높아진다. 그럴수록 아이는 더 자주 실패하고 자신에게 반복적으로 실망한다.

'넌 왜 늘 그 모양이니, 뭘 좀 제대로 해봐라. 무엇 하나 제대로 하는 게 있어야지…'

나이를 먹고 시간이 흐를수록 '미운 오리 새끼'라는 낮은 자존감은 굳어지고 오히려 익숙해지기까지 한다. 낮은 자존감이 만드는 부정적 사고방식은 마치 자동으로 작동하는 기계처럼 정신세계를 지배한다.

자존감은 대물림된다

낮은 자존감이 대물림된다는 사실은 충격적이다. 자신감이 없는 부모는 자녀를 자신감 없는 아이로 기른다. 어머니가 자신을 믿지 못하기 때문에 자식의 잠재 능력도 믿을 수 없다.

'내가 아무것도 제대로 할 수 없는 것처럼 내 자식도 무능할 거야.'

그래서 아이를 지나치게 걱정한다. 이런 걱정 때문에 과도한 간섭을 하게 된다. 자기 생각대로 아이를 몰고 가는 것이다. 아이를 과잉보호한다. 아이의 자율성을 허용해 주지 않는다. 아이의 하루 시간표에는 자유 시간이 없다. 아이에게 음식 선택권이 없다. 주는 대로 받아먹어야 한다. 하나에서 열까지 부모의 방식을 따라야 한다.

이런 부모 밑에서 자란 어린 시절을 회상하며 "나는 로봇이었어요." 라고 말하는 이도 있었다. 그렇게 '로봇 자존감'은 아이에게 대물림된다. 자존감은 자신감이다. 예컨대 아이가 걸음마를 배울 때를 봐도 알 수 있다. 아이는 자꾸 넘어지지만 스스로 다시 일어나는 시행착오를 반복한다. 그러다가 어느 날 마침내 한 걸음을 걸었을 때 아이는 큰 기쁨을 느끼는 것이다. 두 손이 자유롭게 되었고 엄마가 운반해 주지 않아도 혼자서 장소를 이동할 수 있게 된다. 이때 아이는 거의 유포리아(Euporia, 행복과 도취) 수준의 행복감을 느낀다고 한다.

성취감이 모여서 자신감이 된다. 아이들은 놀이를 통해서 성취감을 느끼고 성취감을 통해서 자신감이 생긴다. 그러나 자신감이 없는 엄마는 아이에게 놀 시간을 주지 못한다. 그래서 아이는 자신감 없는 아이가 되는 것이다. 이렇게 낮은 자존감은 대물림된다. 아이를 믿어 주고, 자율적으로 놀게 해 주는 엄마가 아이의 자존감을 높여 주는 좋은 엄마다.

그렇다고 해서 아이가 하고 싶은 대로 무조건 허용하는 것이 좋다는 말은 아니다. 이것은 또 다른 과잉보호이다. 익애형 과잉보호indulgent overprotection라 한다. 아이의 기를 살려 준다고 과도한 칭찬을 하는 것도 좋지 않다. 자신의 능력에 대한 비현실적인 기대를 갖게 되기 때문에 심한 좌절을 경험할 수 있다. 예컨대 아이가 그린 그림을 보고 "너는 미술의 천재야."라고 자존심을 부풀려 놓으면 아이는 자기가 천재인 줄 안다. 하지만 언젠가는 범인인 것을 알게 될 것이고 큰 좌절감을 느낄 것이다. 그때 자존감은 무너지고 만다.

'엄친아(엄마 친구의 아들)'와 '엄친딸(엄마 친구의 딸)'을 자기 자녀와 자꾸 비교하는 것도 열등감을 대물림하는 부작용을 낳는다. 아이는 완벽한 엄친아와 자기를 자꾸 비교하는 버릇이 생기고 그러다 보면 자기도 모르게 낮은 자존감이 형성된다.

문제의 핵심은 부모의 낮은 자존감이다. 정신분석을 받고 자존감이 높아진 부모들이 무엇보다 기뻐하는 것이 있다. "내 아이는 나 같은 인생을 살지 않을 것 같아요." 부모의 자존감이 아이들에게 대물림되기 때문이다.

자존감은
엄마에게 달려 있다

미국의 정신분석가 하인
즈 코허트는 '건강한 자기애 healthy narcissism'가 정신 건강을 위해서
꼭 필요하다고 했다.★ 건강한 자기애는 자존감과 같은 뜻이다.
병적인 자기애가 특권 의식을 갖고 남을 지배하고 착취하는 자
기애라면, 건강한 자기애는 남의 인격도 존중하는 자기애이다.
'내 인생이 소중하듯이 당신의 인생도 소중한 인생입니다.'
    코허트 박사는 갓난아이 때 건강한 자기애가 생긴다고 했다.

★ 이무석 (2006): 코허트의 자기 심리학, 『정신분석에로의 초대』 서울, 이유 : PP 333-342

갓난아이는 자아상이 없다. 그래서 자기가 예쁜 아이인지 미운 아이인지 모른다. 다만 엄마라는 거울에 비친 자기를 보고 비로소 자기를 확인한다.

엄마는 아이의 거울이다. 그래서 엄마를 '반사 자기 대상 mirroring selfobject'이라고 부른다. 엄마가 아이를 예뻐하고 좋아하면 아이는 자기가 상대방에게 호감을 주는 사람이라는 자존감이 생긴다. 반대로 아이가 사랑받지 못하고 천대받으면 사람들이 자기를 싫어할 것이라는 낮은 자존감을 갖게 된다. 코허트 박사는 이런 자존감을 마음의 핵심core self이 금 간 상태라고 했다. 이런 사람들은 금이 간 유리그릇처럼 작은 충격에도 자아가 쉽게 부서지고 만다. 조금만 비난을 받아도 자존심이 상하고, 자기를 싫어하는 눈치가 조금만 보여도 모든 것을 포기해 버리고 싶어진다. 낮은 자존감 때문이다.

이렇게 자존감은 엄마에게 달려 있다. 인간에게 진정으로 중요한 사람은 엄마라는 존재다. 엄마와 살면서 아이는 수백 번도 넘게 긍정적 경험과 부정적 경험을 반복한다. 이런 경험들이 쌓여서 자존감이 만들어지는 것이다.

아이를 천대하고 구박하는 엄마도 문제지만 불안하고 조급한 엄마도 문제다. 조급한 엄마는 아이가 문제를 풀 때까지 웃으며 여유 있게 기다려 주지 못한다. "아이구, 답답해." 하고 비난하거나 대신 해줘 버린다. 이건 과잉보호다. 이런 부모를 둔 아이는 스스로 문제를 풀었을 때 느끼는 성취감을 느낄 수가 없다. 성취감을 엄마에게 번번이 빼앗겨 버리기 때문이다. 자존감의 중요한 요소가 자기 능력에 대한 자신감인데 이런 아이는 성취감을 느끼지 못하기 때문에 자신감을 가질 수가 없다. 점점 의존적으로 된다. 문제에 부딪치면 엄마 눈치만 본다. 아이가 이럴수록 조급한 엄마는 더욱더 조급해진다. 더 과잉보호하게 되고 아이의 자존감은 더 낮아진다. 악순환이다.

이런 아이들은 경쟁이 심해지는 상황에서 문제를 일으킨다. 예컨대 엄마를 떠나 유치원에 갈 때 엄마와 떨어지지 않으려 한다. 억지로 유치원에 데려가도 엄마 치마꼬리를 붙들고 놓지 않는다. 친구들과 놀려고도 안 한다. 분리 불안 separation anxiety 때문이다. 의지하던 엄마를 잃어버릴까 봐 두려운 것이다. 특히 자존감이 낮은 아이들은 이런 분리 불안이 심하다.

반면에 자존감이 높은 아이들은 유치원이 재미있다. 호기심이 발동한다. 새 친구들, 선생님들, 새로운 장난감이 좋고 간식도 맛있다. 아이들에게 유치원 선생님은 부모 외에 처음으로 만나는 어른이다. 부모와의 잘못된 경험을 고칠 수 있는 기회이다. 그런데 자존감이 낮은 아이들에게 선생님은 무섭고, 화장실 등 모든 것이 낯설기만 하다. 빨리 엄마가 있는 집에 가고 싶을 뿐이다.

그럭저럭 이 유아기를 넘긴다 해도 사춘기의 폭풍을 만나거나 고3이 되면 위기에 처한다. 엄청난 경쟁의 틈바구니에 끼게 되기 때문이다. 매일 점수의 압박과 대입 실패의 위협에 시달린다. 애가 중학생만 되어도 엄마 실력으로는 더 이상 아이를 가르칠 수 없다. 아이에게 도움이 되지 못한다. 과외 선생을 동원해 보지만 신통치가 않다. 엄마는 불안해지고 잔소리가 많아진다. 엄마는 아이에게 다만 간섭하고 감시하는 간수 같은 존재가 되어 버린다. 아이 입장에서는 학교에 가면 숨 막히는 경쟁이 기다리고 있고, 집에 오면 "모의고사에서 몇 등 했니?"라고 묻는 엄마, 아빠의 시선이 지겹다. 갈 곳을 잃고 이러지도 저러지도 못하는 아이들은 가출하거나 원룸을 얻어 달라고 조르기도 한다. 문을 걸어 잠그고 두문불출하다가 "내가 천재다." 하고 과대망상에 빠지기도 한다.

정신분석학에서 얻은 결론은 한마디로 "높은 자존감을 갖기 위해서는 어머니의 태도가 아주 중요하다."는 것이다. 특히 아이를 과잉보호하는 것은 좋지 않다.

태권도로 자신감을 회복한 충훈이

　내가 런던에서 정신분석 연수를 받을 때의 일이다. 런던의 '에바다 한인 교회'는 작지만 인재들이 모여 있었다. 국제적인 음악 콩쿠르에서 금상, 은상을 탄 피아니스트들, 런던 필하모닉과 협연을 하는 바이올리니스트, 정신과 의사, 안과 의사, 연극인 등등. 담임목사인 강 목사는 사랑이 넘치는 따뜻한 사람이었다. 부인의 한국 요리 솜씨는 가히 일품이어서, 햄버거와 샌드위치로 시장기를 면하며 살고 있던 나를 번번이 감동시켰다. 어느 날 강 목사가 아들 충훈이 얘기를 했다.

　열 살 된 충훈이는 영국인 학교에 들어갔다. 영어도 서툴고, 교과 과목도 다르고, 피부색도 다른 학교 환경은 어린 충훈이에겐 힘든 것이었다. 그러나 그보다 더 힘든 것은 영국 아이들의 텃세였다. 싸움을 걸어 오고 놀리고 소외시키는 분위기에 시달리면서 충훈이는 점점 우울해졌다. 부모는 안타까웠지만 어떻게 손을 쓸 수가 없었다. 담임선생님을 만나 보았지만 별 효과가 없었다. 그러던 어느 날 충훈이가 밝은 표정으로 돌아왔다. 신이 나서 학교에서 있었던 일을 얘기했다.

　그날도 학급에서 제일 덩치 크고 짓궂은 아이가 싸움을 걸어

왔다. 충훈이의 발을 걸고 놀렸던 것이다. 충훈이는 더 이상 참을 수가 없었다. 용기를 내어 결투를 신청했다. 뒷산에 학생들이 모여들었다. 아이들이 빙 둘러싼 가운데 둘은 대결하게 되었다. 덩치로 보면 다윗과 골리앗의 대결 같았다. 힘센 영국인 아이는 의기양양했고 영국 아이들은 모두 그 애의 편이었다. 싸움이 시작되었다. 충훈이는 태권도 자세를 잡고 큰소리로 "얏!" 하고 기를 넣었다. 그 순간 극적인 일이 벌어졌다. 기세등등하던 영국 아이가 갑자기 겁을 먹더니 충훈이에게 굴복해 버렸다. 태권도에 대한 공포심 때문이었다.

당시 일부 영국인들은 태권도에 대한 공포심을 갖고 있었다. 그 이유는 얼마 전에 보도된 살인사건 뉴스 때문이었다. 한국인 태권도 유단자가 자기 집에 침입한 강도를 맨주먹으로 때렸는데 강도가 즉사한 사건이었다. 태권도 유단자의 주먹은 권총이나 칼 같은 무기로 간주해야 한다는 것이 법원의 판결이었다. 충훈이의 상대였던 영국 아이도 이 뉴스를 들은 모양이었다. 충훈이가 이런 효과를 계산에 넣었던 것은 물론 아니었다. 그 뒤 충훈이의 학교생활은 달라졌다. 영국 아이들의 존경과 선망의 대상이 되었다고 한다.

충훈이의 얘기를 들으며 나는 큰 감동을 받았다. 문화가 낮

선 남의 나라에서 말이 다른 사람들 속에서 산다는 것은 어른들도 견디기 힘든 스트레스다. 이것을 못 견디고 정신 질환에 걸린 사람들을 여럿 보았다. 한국인 의사들 중에도 이 스트레스 때문에 자살한 이들이 있었다. 그런데 어린 충훈이는 자신에게 부딪쳐 온 어려움을 얼마나 용감하게 극복했는가! 대견스럽고 자랑스러웠다. 나는 어린 충훈이에게서 강인한 생명력을 볼 수 있었다. 아들을 이렇게 강하게 키운 부모가 존경스러웠다. 부모가 과잉보호를 했더라면 충훈이는 우울한 패배감에서 벗어날 수 없었을 것이다. 패배자라는 생각이 평생 충훈이를 괴롭혔을 수도 있다.

과잉보호를 받고 자란 아이들은 문제가 발생할 때마다 스스로 부딪쳐서 해결하기를 두려워한다. 문제와 직면하기보다는 회피를 배우고, 아버지가 대신 싸워 주기를 바란다. 그러고서 비열한 자신을 부끄러워하고 한탄한다. 자존감이란 어디에서 오는 것인가? 자기에 대한 신뢰에서 온다. 문제를 스스로 해결하고 극복해 본 경험에서 온다. 부모의 과잉보호는 아이가 자신감을 가질 기회를 박탈한다. 아이가 마땅히 당해야 할 고통이라면 당하게 해야 한다. 안쓰럽고 위험하게 보일 때도 있을 것이다. 그러나 아이의 문제를 대신 해결해 주면 아이를 무능력하게 만든다.

이렇게 가정해 보자. 강 목사가 힘센 영국 아이를 직접 만나서 겁을 주었다든지, 아니면 애원을 했다고 하자. 그래서 그 아이가 더 이상 충훈이를 괴롭히지 않았다고 하자. 이것으로 모든 곤란이 극복된 것일까? 표면적으로는 그렇게 보일지라도 충훈이 인격은 성장의 기회를 상실하게 되었을 것이다. 뻗어 나가는 초록색 나무줄기처럼 건강한 충훈이의 생명력은 좌절되고 말았을지 모른다.

좋은 부모를 만난 아이들은 자존감이 높다

어떤 어머니들은 아이가 친구들에게 얻어맞는 것이 두려워서 외출을 못하게 한다. 아이가 감기에 걸릴까 봐서 나가 놀지 못하게 하는 어머니도 있다. 버스가 위험하기 때문에 걸어 다니게 하는 어머니도 있다. 물에 빠질까 무서워서 수영을 못하게 하는 어머니도 있다. 고등학생인 아들이 선생님에게 매를 맞았다고 해서 교장실에 찾아가 고함을 지르는 아버지도 있다. 모두가 과잉보호하는 부모들이다. 자기들의 불안 때문에 자식들을 온실 속에 가두어 키우고 있다.

아이들이 태어날 때부터 갖고 있는 성장 능력과 문제해결 능력을 인정해야 한다. 열 살짜리 충훈이를 보면 알 수 있다. 평생을 안전한 온실 속에서 사는 것보다는 위험하더라도 버스도 타고, 때로는 매도 맞고 다니는 것이 건강하다. 위험에 노출되어 보지 않고는 위험을 극복하는 방법을 터득할 수가 없다. 위험은 인생의 도처에 도사리고 있다. 절대적으로 안전한 곳이란 세상에 없다. 위험과 문제에 직면하고 괴로워하면서 아이는 성장한다.

코허트 박사 같은 정신분석가들은 "좋은 부모를 만난 아이들은 자존감이 높다."고 말한다. 또한 정신분석의 창시자인 지그문트 프로이트(1856~1939)도 "나르시시즘"이라는 논문에서 이 문제를 다루고 있다.★ 즉, 갓 태어난 아이들은 세상에 자기 혼자밖에 없다. 이때 아이는 모든 리비도(요약해서 사랑이라고 하자)를 자신에게 준다. 자기도취이고 자기 사랑의 단계이다. 그러다가 자라면서 부모라는 존재가 나타난다. 아이는 부모를 좋아하고 부모에게 리비도를 준다. 그리고 점차 아이 마음속에도 부모의 상(이미지)이 생긴다. 마음 밖에 있는 현실의 부모가 아이 안에 인격의

★ Freud S. (1914): On Narcissism. London, Hogarth Press. SE 14: 67-102

일부로 등장하게 된 것이다. 위대하고 자랑스러운 부모가 자기 안에 생긴 것이다.

아이는 자기가 부모처럼 그렇게 자랑스러운 인물이 되었다고 믿게 된다. 아이는 자기 안에서 부모의 자랑스러운 모습을 확인할 때마다 자기가 자랑스럽게 느껴진다. 리비도가 자기 속의 자랑스러운 부분에 쏟아진다. 리비도가 자기를 향하여 돌아오기 때문에 '자기 사랑self love'이 가능해진다. 이것이 자기애narcissism이고 자존감이다.

우리가 우리 자신을 자랑스럽게 느낄 때가 있다. 그 자랑스러운 감정을 자세히 보면 '아버지(혹은 어머니)가 나를 인정해 주실 거야.' '칭찬해 주실 거야.' 하는 기대가 들어 있다. 자기 속에서 부모의 가치관, 기대와 성취를 확인할 때 우리는 자존감을 느낀다. 반대로 불행하게도 자랑스러운 부모의 상을 경험해 보지 못한 사람들은 자존감을 갖기 어렵다. 물론 부모 이외에 선생님이나 친척을 통해서 이상적 부모의 상을 확보하기도 하지만…. 그러니 좋은 부모가 되도록 노력하고 좋은 선생님이 되도록 노력하자. 혹 내 배우자가 좋은 부모를 만나지 못했거나 좋은 선생님을 만나지 못해 낮은 자존감으로 고통 받고 있다면 내가 그의 지지자가 되어 주자.

자존감이 높아지면
용서할 수 있다

용서하기는 정말 어렵다. 나를 억울하게 만든 사람을 용서하기란 정말 힘들다. 한 여성은 중학교 때 담임선생님을 용서할 수 없어서 병에 걸렸다. 담임은 남자 선생님이었는데 친구들 앞에서 자신을 욕하고 뺨을 때렸다는 것이다. 이름표 위로 가슴을 만지기도 했다. 나이 서른이 넘은 지금도 그 일을 생각하면 치가 떨린다고 했다. 수치심으로 가슴이 방망이질 치고 얼굴이 붉어진다고 했다.

그 일 후에 대인 기피증도 생겼다. 하도 억울해서 대학 때는 복수하려고 선생님 집을 찾아가기도 했다. 그러나 차마 벨을 누르지 못하고 눈만 흘겨 주고 돌아왔다고 했다. 장문의 편지도 썼다. 그러나 답장은 오지 않았다. 더 화나고 분했다. 신경성 대장염도 생겼다. 담임선생님에 대한 이 억울함과 분노가 그녀를 병들게 하고 있었다.

또 다른 경우도 보자. 40대의 이 남성은 공황장애였다. 공황장애는 심하게 불안을 느끼는 노이로제이다. 공황 발작이 일어나 불안이 엄습하면 죽을 것 같고 숨쉬기도 어렵다. 원인은 아버지에 대한 증오심 때문이었다. 아버지는 외국 유학도 다녀왔는데 술버릇이 나빴다. 술만 취하면 어머니를 구타했다. 칼을 들고 어머니를 위협한 일도 있었다. 불쌍한 어머니는 울부짖기만 했다. 어린 그는 어머니를 구할 수 없었다. 동생들을 데리고 골방에 숨을 수밖에 없었다. '내가 크면 아버지를 죽여 버릴 거야.' 이런 무서운 생각도 했다. 무의식에 숨어 있는 이런 증오심이 나이 마흔이 넘어 공황 발작을 일으키고 있었다.

이들의 치료제는 용서뿐이다. 이 여성은 담임선생님을 용서해야 한다. 그리고 공황장애인 남성은 아버지를 용서해야 치료가 된다. 그러나 용서가 그렇게 쉽지 않다. 그래서 분노가 병이 되고 수명을 단축시킨다. 『죽으면 죽으리라』의 저자인 안이숙 여사의 설교를 직접 들을 기회가 있었다. "이웃 사랑은 이를 악물고 하는 거예요."라는 말이 감동적이었다. 용서도 이를 악물고 하는 것이다. 용서하기로 결심하고, 의지로 용서하는 것이다. 미운 아버지, 미운 담임선생님이 마음에 떠오를 때마다 반복적으로 용서하면 마침내 용서가 된다.

또 이렇게 생각해 보는 것도 도움이 된다. '아버지도 그럴 수밖에 없는 이유가 있었을 거야.' 어려운 일이지만 미운 사람의 입장에 서서 생각하고 이해해 주는 것이다. 그러나 스스로 작아지는 것은 조심해야 한다. '내가 공부도 못하고 집안이 가난하기 때문에 담임이 나를 무시했던 거야.' 이렇게 생각한다면 스스로 작아진 것이다. 열등감에 빠진 것이다.

이렇게 작은 사람은 강하고 큰 상대방을 용서할 수 없다. 왜냐하면 용서하려고 마음먹는 순간 비굴한 마음, 패배감이 먼저 들기 때문이다. 용서하려면 스스로 당당해져야 한다. 자신감이 있어야 한다. 자존감을 회복하기 위해서는 용서해야 하는데 자존감이 낮으면 용서하기가 어렵다. 여기에 인간적인 어려움이 있다. 그렇다고 하더라도 용서하도록 노력해야 한다. 대인 관계에서 화해가 이루어지고 평화가 회복되면 자존감도 회복된다.

책을 통해 용서를 경험하다

어느 화창한 봄날 전화를 한 통 받았다. 자기는 유학 중인 여학생인데 귀국하는 길에 나를 꼭 만나고 싶다고 했다. 내가 쓴 『30년 만의 휴식』을 읽고 큰 도움을 받았다고 했다. 약속한 날 학생은 정시에 나타났다. 예쁘고 유쾌한 느낌을 주는 학생이었다. 자기가 책을 통해서 어떻게 변화되었는지 눈물을 흘리며 이야기해 주었다. 매우 극적이어서 듣는 나도 감동했다.

그녀의 유년기는 불행했다. 살벌한 가정이었다. 부모는 늘 치열하게 싸웠다. 성난 아버지가 번번이 칼을 들고 나왔기 때문에 어린 그녀는 공포에 떨었다. 자기 집 식탁은 온통 칼자국이 나 있었다고 했다. 그런데 칼을 든 아빠보다 엄마가 더 미웠다고 했다. 아빠를 자극하고 화나게 하는 엄마가 더 미웠다. 엄마를 증오했고 지금까지 한 번도 엄마를 엄마라고 불러 본 일이 없다고 했다. '네가 뭔데….' 하며 존칭어도 쓰지 않았다.

여고 시절에는 가출하여 주로 친구 집에서 학교를 다녔다. 지독한 날들을 보냈다. 그래도 공부의 끈은 놓지 않았다. 이 끈을 놓으면 정말 자기 인생이 파멸할 것 같았다. 그래서 학교 성적을 유지했다. 부모로부터 탈출하기 위해서 해외 유학을 결심했다.

어려운 시험이었지만 합격했고 전액 장학금을 받았다. 드디어 부모로부터 벗어나게 되었다. 이야기를 들으며 나는 자아가 대단히 건강한 학생이라고 생각했다. 그러나 그렇게도 바라던 일이 이루어졌는데도 마음은 공허하고 우울했다. 유학 생활은 쓸쓸하고 외로웠다.

친구가 『30년 만의 휴식』을 권했다. 책을 단숨에 읽었다. 책에 빨려 든 듯 놓을 수가 없었다. 책을 읽으며 울기도 했다. 자신의 인생이 파노라마처럼 눈앞을 지나갔다. 마지막 페이지를 읽고 책을 덮자 알 수 없는 희열이 몰려왔다. 설명하기 어려웠지만 자신이 변해 있었다. '내가 변했다.' 라는 사실을 사람들에게 알리고 싶었다. 기숙사 전화기로 자기를 아는 친구들에게 모두 전화했다. 어머니에게도 전화를 했다. "어머니, 이제부터 어머니에게 존댓말을 쓸게요." 오랜만에 어머니를 어머니라고 불러 보았다. 그렇게 부른 게 언제인지 기억도 나지 않았다. 그리고 귀국하여 어머니와 함께 지냈다. 물론 존댓말을 쓰고 있다. 어머니도 좋아했다. 마음이 이렇게 편할 수가 없다고 했다.

그녀의 이야기를 들으며 나는 독서의 효과를 확인했다. '책만 읽고도 사람이 이렇게 달라질 수 있다니…' 놀라웠다. 이런 변화의 핵심은 그녀의 마음속에 살아 있던 억울하고 성난 아이가 어머니를 용서한 것이었다. 물론 아직도 가야 할 길이 남아 있다고 생각한다. 그러나 큰 산을 넘었다. 이렇게 용서하기 시작하면 마음도 편해지고 자존감도 회복된다.

열등감, 그 책임은 궁극적으로 자신에게 있다

생각해 보면 자존감을 무너트린 어머니나 다른 사람들이 원망스러울 것이다. "내가 이런 열등감을 갖게 된 것은 잔소리 많은 어머니 때문이었어요." 혹은 "형만 인정해 준 아버지 때문이었어요."라고 말할 수도 있다. 그러나 한 가지 알아 둘 것이 있다. 잔소리 많은 어머니를 만난 자식들이 다 열등감에 빠지는 것은 아니다. 물론 그럴 가능성은 높지만 열등감에 빠지지 않은 자식들도 있다. '부모라는 인적 환경에 어떻게 반응할 것인가?' 이를 선택한 것은 당신이다. 원망하고 현실에서 도피하는 열등감 쪽 반응을 선택한 것은 당신 자신이다.

내 말을 기분 나쁘게 듣지 말기 바란다. 열등감을 치유할 때 꼭 짚고 넘어가야 할 부분이기 때문에 이렇게 말할 수밖에 없는 심정을 이해해 주기 바란다. 자신의 선택에 대한 책임은 자신이

져야 한다. 물론 억울하기도 할 것이다. 그러나 자신의 책임을 인정하기 전까지는 열등감을 치료할 수 없다는 것을 알아야 한다. 남을 탓하는 것만으로 내 문제가 해결되지 않는다. 부모의 사과를 받아 봐도 잠시 위안은 되지만 자존감은 회복되지 않는다. 그리고 부모님은 이미 늙어서 사과를 받기에는 너무나 힘이 없다. 차라리 열등감 문제와 관련된 사람들을 용서하는 편이 더 효과적이다.

"아버지, 당신을 용서합니다. 아버지도 당신의 열등감 때문에 그렇게도 자주 저에게 화내고 혼내셨을 것입니다."

"어머니, 어머니를 용서합니다. 아버지는 가정을 돌보지 않으셨고 어머니는 가난한 형편에 자식들과 먹고살기 위해서 그렇게도 바쁘셨을 것입니다. 어머니는 최선을 다해 사셨던 것입니다. 그래서 저는 어머니 없는 빈방에서 많은 날들을 보내야 했습니다."

이렇게 용서하고 나면 마음이 편해진다. 자신감도 생긴다. *

★ 데이빗 A. 씨맨즈 지음, 송헌복 옮김 (1986) : 상한 감정의 치유. 서울, 두란노. p 32-33

자존감을 회복시키는
자기 위로

성폭행이나 왕따를 당한 후에 열등감에 빠지는 사람들은 '내가 못나서 그런 일을 당한 거야.' '나는 복대가리가 없어서 그런 일을 당한 거야.' '나는 비겁했어.'라고 자기를 비난한다. 그러나 그러면 안 된다. 그건 너무나 불공평한 평가이다. 당한 사람은 당신이다. 비난은 가해자가 받아야 한다. 당신 잘못이 아니다! 자기를 비난하지 말고 위로하자.

실연 당한 여성이 있었다. 정말 믿고 사랑했던 남자에게 배신당했다. 배신감의 아픔이 가슴을 후비는 듯했다. 깊은 슬픔에 빠졌다. 분노로 잠도 이룰 수 없었다. 버림 받은 자신이 너무나 초라하고 비참해 보였다. 자신이 미웠다. 창피해서 사람들을 만날 수도 없었다. 두문불출 집에만 틀어박혀서 몇 주를 보냈다. 어느 날이었다. 마음속 깊은 곳에서 '이렇게 살 수는 없잖아. 힘을 내야지.' 이런 소리가 들렸다. '너는 네 일도 있고, 이럴 때 털고 일어나는 것이 네 장기잖아.' 그런 소리도 들렸다. '이제 보니 그는 이기적인 나르시시스트였고 믿을 수도 없는 사람이었어. 지금 헤어지기를 잘한 거야.' '자, 스스로 작아지지 말자. 힘을 내보자. 모든 일이 잘될 거야.'라는 소리도 있었다. 자기 위로의 음성이었다. 이 자기 위로의 기능 덕분에 그녀는 실연의 고통을 털고 일어날 수 있었다.

인간의 정신 기능에는 자기 위로 기능self soothing capacity이 있다. 정신분석가 코허트 박사는 이 기능이 정신 건강을 유지하는 데 필수적이라고 했다. 자기 위로 기능은 어릴 때 생긴다. 예컨대 아이가 오빠에게 맞고 울며 엄마한테 간다.

"엄마, 오빠가 때렸어. 오빠가 내 장난감을 빼앗아 갔어."

아이는 아프고 억울하다. 이때 엄마는 딸을 위로해 준다.

"우리 예쁜 딸을 누가 이렇게 괴롭혔지? 걱정 마, 엄마가 혼내 줄게. 우리 딸, 엄마가 아이스크림 줄까?"

엄마의 위로를 듣고 아이는 만족한다. 마음이 풀린 딸은 뛰어 나가서 또 재미있게 논다. 이제는 오빠가 두렵지도 않다. 이런 엄마의 위로는 아이의 심리 내부에 저장된다. 정신분석에서는 '내재화introjection'라고 한다.

갓난아이가 울 때 엄마들은 아이를 안고 등을 다독거려 준다. 아이는 울음을 그치고 곤한 잠에 빠진다. 엄마의 위로 기능이다. 아이가 배가 아파서 울면 엄마들은 약손으로 배를 쓰다듬어 준다. 또한 아이가 앓아누우면 엄마는 밤새워 아이를 간호해 준다. 이마에 찬물 찜질도 해 주고 마른 입술을 시원한 물로 적셔 준다. 이런 엄마의 위로는 내재화된다.

또 이런 위로도 있다. 대학 입시에 떨어지고 낙심하는 아들에게 엄마는 애써 밝은 표정을 보여 준다. 아들은 엄마의 표정에서 위로를 읽는다. 이 위로는 아들의 인격 안에 내재화된다. 실연 당한 딸 앞에서 아빠는 고함치며 화를 낸다. "이런 나쁜 놈이 있나, 감히 내 딸을… 내가 그놈을 늘씬 패 주고 와야겠다." 딸은 아버지의 분노를 보며 위로를 받는다. 이런 위로들이 마음에 저축이 되어서 자기 위로 기능이 된다.

자신을 비난하는 마음의 소리에 저항하자

자기 위로 기능의 강도는 사람마다 다르다. 위로 기능이 강한 사람이 있고 약한 사람도 있다. 위로 기능이 강한 사람들은 인생의 어려움에 부딪쳤을 때 절망하지 않는다. 우울한 감정도 비교적 빨리 회복된다. 잠시 슬픔에 빠지지만 오뚝이처럼 금방 일어나는 사람들은 자기 위로 기능이 강한 사람들이다. 이런 사람들은 어려울 때마다 부모의 따뜻한 위로를 충분히 받은 사람들이다. 강한 자기 위로 기능을 가진 사람은 남도 잘 위로한다. 슬픔에 빠진 사람도 이런 사람을 만나면 위로를 받고 힘을 얻는다. 성폭행이나 왕따를 당해도 자존감이 무너지는 일은 없다. 내면에서 자기를 살리는 위로의 말이 샘물처럼 솟아오르기 때문이다.

문제는 자기 비난self criticism 기능이다. 슬픔에 빠진 자신을 위로하기는커녕 자기를 비난하고 파괴하는 기능이 자기 비난 기능이다. 우울증의 원인이 자기 비난이다.

실연 당한 여성이 있다고 하자. 앞서 소개한 여성은 자기 위로 기능이 강하여 슬픔을 딛고 일어났지만, 이 여성은 심한 우울증으로 자살을 기도했다. 마음속에서 자기 비난과 자기 파괴의 언어가 그녀를 괴롭히고 있었다.

'진작부터 난 그럴 줄 알았다. 다 네 탓이야. 그가 떠나간 것은 네 꼬락서니에 싫증났기 때문이야. 네가 얼굴이 예쁘기를 하니, 학벌이 좋니, 집안에 돈이 많기를 하니. 뭐 하나 내놓을 것이 있어야 말이지. 네 주제를 봐. 몸은 뚱뚱해서… 갈 사람이 간 거야.'

'아무도 너 같은 사람을 좋아할 리 없어. 사람들은 너에게 싫증을 느껴.'

'네 인생은 왜 그렇게 제대로 되는 게 하나도 없니. 이번 일만이 아니잖아. 어릴 때도 그랬고 앞으로도 늘 그럴 거야. 네 인생은 늘 꼬이기만 할 거야. 너도 참 한심한 인간이다.'

그녀의 마음의 소리를 들어 보면 지독한 자기혐오와 열등감에 가득 차 있는 것을 알 수 있다. 이런 언어가 내면에서 들려오면 저항하기 어렵다. 외부에서 누군가가 이런 소리로 공격해 온다면 근거를 가지고 방어하고 변명도 할 수 있을 것이다. 자존심을 지키기 위해서 맞붙어 싸우기라도 할 수 있을 것이다. 그러나 자신의 내면에서 울리는 소리에는 저항할 수가 없다. 자신의 음성이고 자신의 평가이기 때문이다. 그 평가가 객관성이 없고 합리적인 근거가 없는 것이어도 대항할 언어를 찾기가 어렵다.

우울증으로 자살하는 사람들이 자신에게 들려주는 언어가 주로 이런 언어들이다. 우울증에 빠지면 이런 언어가 평소보다 훨씬 증폭되어 들린다. 자살 무렵에는 자기 비난의 소리가 마치 고함이라도 치는 듯이 들린다. '죽어라. 쓰레기 같은 인간아.' 나는 실제로 이런 환청을 듣고 자살을 기도한 분을 보았다. 자기 비난은 듣는 당사자를 기죽게 만들고 절망에 빠지게 한다. 심할 때는 피를 말리듯이 괴롭다. 사람들도 모두 자기를 무시하고 손가락질하는 것 같아서 몸 둘 바를 모르게 부끄럽다. 사람 만나기가 무섭고 창피하다. '나 같은 것은 가족들도 귀찮아할 거야. 가족들을 위해서라도 차라리 내가 죽어 없어지는 게 나아.' 그래서 자살을 기도하는 것이다. 객관적으로 볼 때 행복할 조건을 다 가진 것 같아 보이는 사람이 자살하는 이유가 이런 자기 비난의 기능 때문이다. 성격적으로 자기 비난이 심한 사람이 성폭행 같은 정신적 트라우마를 받으면 자존감은 안으로부터 무너져 버린다.

자기 위로 기능을 활용하자. 때로 억울한 일을 당했거나, 인생의 실패로 자신이 못나 보이고 인생이 꼬일 때라도 우리는 자기 위로 기능을 활용해야 한다. 요즈음처럼 경제가 어려울 때 사람들은 누구나 불안해진다. 이럴 때일수록 자기 위로 기능이 필요하다.

'괜찮아. 잘될 거야. 이보다 더 어려울 때도 넌 잘해 왔잖아. 걱정 마. 잘될 거야.'

마음의 힘은 이런 위로를 통해서 공급된다. 이 힘으로 우리는 인생의 어려움을 관통할 수 있다. 자존감이 무너지는 것을 막아 줄 수 있다.

'공사 중'임을 받아들이면
자존감이 유지된다

H 목사는 신학교를 졸업하고 희망을 가지고 개척 교회를 시작했다. 그런데 마음이 괴로웠다. 김 씨 때문이었다. 김 씨는 공무원이었고 몇 안 되는 남성 교인 중 한 사람이었다. 김 씨에게는 나쁜 버릇이 있었다. 예배가 끝나면 꼭 H 목사를 찾아와 그날의 설교를 비판했다. 때로는 말도 안 되는 신학적 논리를 펴기도 했다. 처음에는 우정 어린 충고로 받아들였다. 그러나 주일마다 반복되자 짜증이 나기 시작했다. 어느 날부터는 설교 시간에 다른 교인들은 보이지 않고 김 씨만 보였다. '오늘은 또 무슨 말을 하려나….' H 목사는 점점

김 씨가 두려워졌고 나중에는 김 씨를 생각하면 분이 치밀었다. 괴로웠다. '성도를 사랑하지 못하는 나는 목사 자격이 없다.' 자책하며 교회를 그만둘 생각도 했다.

그러던 어느 날 하염없이 시내를 걷다가 공사장 앞을 지나게 되었다. 철근과 건축 자재들이 어지럽게 길을 막고 있었다. 그리고 거기에 '공사 중' 팻말이 서 있었다. "공사 중, 통행에 불편을 드려 죄송합니다. 공사 책임자 백." 그런데 그 팻말을 읽는 순간 그는 갑자기 마음이 편해지는 것을 느꼈다. '아하, 그래. 김 씨가 공사 중이야. 그래서 내 통행을 방해하고 있는 거였어.' 갑자기 김 씨가 이해되면서 마음이 편해졌다. 그리고 몇 걸음 더 걷다가 또 다른 생각이 떠올랐다. '이제 보니 나도 공사 중이었구나. 그래서 김 씨를 미워했던 거야.' 길에서 우연히 보게 된 팻말이 그의 마음의 문제를 해결해 주었다.

그리고 주일이 왔다. 그날도 설교 후에 김 씨는 어김없이 H 목사에게 할 말이 있다고 했다. 그러나 그런 김 씨를 보며 H 목사의 마음은 전처럼 불편하지가 않았다. 김 씨는 또 설교를 비판했지만 H 목사는 그의 말을 들으며 마음속으로 '공사 중' 팻말을 김 씨의 목에 걸어 주었다. 속으로 이렇게 말해 주었다. '김 씨, 공사하시느라고 수고가 많으십니다.' 그리고 김 씨가 이해되고 그의 말을 경청해 줄 수 있었다고 했다. 지금 H 목사는 한국에서 존경받는 큰 목사가 되었다.

　그렇다. 인간은 누구나 '공사 중'이다. 그리고 죽을 날이 언제일지 모르지만 죽는 그 순간은 공사 중이던 일을 놓고 가는 순간이다. 글 쓰는 사람은 글을 쓰다가 갈 것이고, 사업을 하던 사람은 사업을 하던 중에 갈 것이다. 나 같은 경우는 환자를 보다가 갈지도 모르겠다. 우리가 하던 일은 미완성인 채로 남겨질 것이지만 그것이 인생이다. 그때까지 우리는 매일매일 일상을 살 뿐이다.

　그래서 세상에 완성된 사람은 없다고 단호하게 말할 수 있다. 불완전한 것이 인간이기 때문이다. 그래서 비교적 성숙한 이들이라고 생각할 수 있는 성자들일수록 참회록을 쓴다. 자기가 완벽한 사람이라고 말하는 사람이 있으면 정신과 의사에게 데려가기 바란다. 정신감정이 필요한 사람이다. 지금도 정신병동에는 '나는 완벽한 사람이다. 나는 신이 보낸 사자다.'라는 과대망상 환자들이 있다. 정직하게 자기를 볼 줄 아는 사람들은 자신이 '공사 중'이라는 사실을 인정한다. 이것을 인정해야 열등감에 빠지는 위험을 피할 수 있다.

반면에 열등감이 심한 사람들은 '나는 완벽해야 해. 내가 완벽하다는 것을 모든 사람에게 인정받아야 해. 단 한 사람이라도 나의 약점을 알아서는 안 돼. 나의 약점이 노출되면 참을 수 없는 수치를 당할 거야.'라고 믿고 있다. 완벽주의의 허상에서 벗어나지 않고는 자존감을 유지할 수 없다.

완벽한 인물로 보이려는 노력은 이제 그만

남의 눈치를 지나치게 살피는 40대 남성이 있었다. 마치 남에게 욕먹지 않고 사는 것이 인생의 목표인 것처럼 살고 있었다. 줄타기하듯 살아왔다고 했다. 공부도 욕먹지 않으려고 했다. 사랑도, 사회생활도 남의 눈치 보느라고 제대로 할 수가 없었다. 완벽하고 빈틈없는 사람으로 인정받아야 안심이 되었다. 그래서 사실 어느 한순간도 마음 편할 날이 없었다. 인생의 즐거움은 없고 피곤만 쌓였다. 그의 내면에서는 늘 이런 소리가 들린다. '못난 자식, 너는 왜 항상 그 모양이냐. 사람들이 네 진짜 모습을 보면 엄청나게 실망할 거다. 다시는 네 꼴을 보려고도 하지 않을 거다.' 그래서 그는 자신을 완벽한 인물로 보이려고 열심히 위장했다.

그러던 그가 정신과 의사에게 정신 치료를 받았다. 매주 50분씩 만나서 자신의 마음을 솔직하게 털어놓았다. 정신과 의사는 친절했고 그를 있는 그대로 받아 주고 인정해 주었다. 그는 부끄럽지만 자신의 모습을 있는 그대로 인정하기로 결심했다. 더 이상 자신을 이상적인 인물로 위장하지 않기로 했다.

어느 날 친구에게 자신의 마음을 솔직하게 털어놓았다. 친구의 반응은 예상 밖이었다. 친구가 자기에게 실망했다고 비난하고 돌아설 줄 알았는데 그게 아니었다. 친구는 자기를 믿고 얘기해 준 것을 고마워하며 자신의 얘기도 털어놓았다. 그날 그렇게 편하고 기쁠 수가 없었다. 해방감을 맛보았다. 완벽하지 않아도 되는 것이었다. 실수할까 봐 그렇게도 초조했는데 사실은 그럴 필요가 없었던 것이다. 있는 그대로 자신을 드러내도 되는 것이었다. 세상이 넓게 보였다. 그 일 이후 사람 만나기가 편해졌다.

정신의학적으로 그의 심리를 본다면, 그의 자존감은 정신 치료 중에 이미 높아졌다. 처음에는 정신 치료자에게도 잘 보이려고 무진 애를 썼다. 그러나 점차로 그럴 필요가 없다는 것을 알게 되었다. 부득이 약속 시간에 늦는다든지 하는 실수를 한번씩 저질러도 예상과 달리 아무 일도 일어나지 않았다. 선생님이 몹시 화를 내고 창피를 줄 거라 생각했는데 그런 일은 전혀 일어나지 않았다. 이성적으로 생각하면 사실 늦을 수도 있는 일이었다. 이런 경험이 반복되면서 그는 완벽해야 한다는 생각에서 풀려났다. 그래서 친구에게 자기를 노출할 수 있었고 이런 경험이 가능했던 것이다. 자존감을 올리기 위해서는 완벽해야 한다는 압력으로부터 해방되어야 한다. 자신을 있는 그대로 받아들일 수 있어야 자존감이 올라간다. 자존감은 완벽해진 다음에 올라가는 것이 아니다.

우리는 자신을 인정해 주어야 한다. '비록 완벽하지는 않지만 우리(나)는 최선을 다해 살아왔어.' 이렇게 자신에게 말해 줘야 한다. 돌이켜 보면 인생의 고비마다 우리는 얼마나 지독한 순간들을 겪어 내었던가? 남들은 우리가 겪은 그 고통을 알 수 없다. 그 순간 우리는 포기하고 싶고, 누구처럼 자살이라도 하고 싶었지만 용케 여기까지 잘 견뎌 왔다. 참아 낸 자신을 인정해 주어야 한다. 완벽하지 않은 자신을 비난만 하지 말고 수고를 인정해 주자. 이때 자존감이 살아난다.

$$자존감 = \frac{성공}{욕심}$$

자존감을 높여 줄 긍정적인 일을 찾아서 시작하자. 자존감을 공격하는 나쁜 습관이 있다면, 가능한 것을 지금부터 고치자. 자기와의 싸움이 필요한 것은 당장 싸움을 걸라는 것이다. 그런데 현실적으로 실현 가능한 일부터 시작해야 한다.

제임스라는 심리학자는 자존감의 공식을 이렇게 말했다.

$$자존감 \quad = \quad \frac{성공\,(\text{success})}{욕심\,(\text{need})}$$

즉, 분모인 욕심을 줄이거나 분자인 성공을 증가시키면 자존감이 올라간다는 것이다. 자기와의 싸움에서 이기는 성공의 기록을 많이 올리면 자존감이 올라간다. 혹은 자기에게 거는 기대 수준인 욕심을 낮출 때도 자존감은 높아진다. 현실적인 자신과 이상적인 자신의 차이가 클수록 열등감이 커진다는 의미이기도 하다. 자신에게 거는 환상적인 기대나 이상을 버리고, 현실적으로 실현 가능한 이상을 설정하고 그것을 실현시키는 것이 자존감을 높이는 방법이다. 자기와의 싸움에서 이기고 성취감을 많이 느낄수록 '나도 할 수 있구나!' 하는 생각에 자존감이 높아진다.

욕심을 줄이면 자존감이 올라간다. 욕심이 많을수록 자존감은 낮아진다. 사실 모순되는 것같이 보이지만 열등감의 심리에는 욕심이 숨어 있다. 남을 밟고 우위에 서려는 욕심이다. 남들보다 더 화려하고 예뻐서 주목받고 싶은 욕심이다. '남학생들이 모두 나만 본다니까.' 인기를 독점하고 싶은 욕심이다. 급우들보다 더 공부 잘하고 선생님들의 관심을 독차지하려는 욕심이 숨어 있을 수도 있다. 돈 많은 부자로서 돈을 자랑하고 싶은 욕심도 있다. 출세해서 남을 힘으로 지배하고 싶은 욕구가 열등감의 뒤에 은밀히 숨어 있는 경우도 있다.

이런 욕심을 채워 주지 못하는 자신의 외모, 능력, 재산이나 집안이 부끄럽고 싫은 것이다. 이런 욕심을 버리면 열등감 극복이 쉬워진다. 사실 헛된 욕심이다. 이런 욕심도 알고 보면 유아기의 사랑 결핍이 원인인 경우가 많다. 사랑에 굶주린 아이가 주도권과 인기를 탐내는 것이다. '스타처럼 예쁠 필요는 없어. 그래도 나는 나야. 내게는 내가 실현해야 할 내 가치가 따로 있어.' 자존감이 높은 사람들은 이런 마음으로 산다. 건강한 자기애를 가진 사람이다.

또한 자존감을 높이기 위해서 성공과 성취achievement 점수를 높이는 것이 좋다. 성공 경험이 많을수록 자존감은 올라간다. 반대로 성공 경험이 낮고 실패가 많을수록 자존감은 공격받는다. 3부에서 소개한 가난해서 결혼도 못하겠다던 A 양이 좋은 예이다. 그녀는 가난 열등감으로 괴로워했다. 그러나 공부를 열심히 해서 성적을 올리는 데 성공했다. 부잣집 친구들의 대우가 달라졌고 스스로도 자신이 자랑스러웠다. A 양은 자기 탤런트를 활용하여 자존감을 높이는 데 성공했다. 많은 사람들이 이렇게 열등감을 극복한다. 이것이 보통 사람들ordinary people이 열등감을 극복하는 방법이다. 새로운 자신을 발견하는 것이다.

'이제 보니 나도 괜찮은 사람이구나….'

성취감은 자존감을 높여 준다

일반적으로 사람들은 어릴 때 자신에 대한 부정적 관점이 생겼더라도 성장하면서 시야가 넓어지고 현실적인 안목이 생기면 부정적 관점이 긍정적인 관점으로 변한다. 이것이 인간 성숙의 과정이다. 열등감은 성장 과정 중 어느 시점에서 한 부분의 성장이 멈춰 버린 것이다. 그 시점을 발견하고 이해하면 성장이 시작된다. 그리고 관점의 변화가 자연스럽게 일어난다. 이런 점에서 볼 때 성공 경험은 자신에 대한 새로운 발견의 계기가 될 수 있다. '나도 할 수 있었구나. 그런데 왜 못한다고만 생각했지?' 이렇게 자신에게 묻게 된다. 이런 의문을 정신의학에서는 '창조적 호기심 creative curiosity'이라고 한다. 여기서부터 변화가 시작된다.

성격이 여리고 소심한 남학생이 있었다. 그는 남 앞에 서면 떨고 모임에서는 항상 수동적이었다. 그런데 그가 의료봉사 동아리의 회장이 되었다. 그는 극구 사양했지만 피할 수 없는 상황이었다. 그런데 일단 회장이 되자 그는 능력을 발휘하기 시작했다. "좀 도와줘!" 하고 그가 부탁하면 선후배들은 기꺼이 그를 도왔다.

무의촌으로 의료봉사를 갈 때는 개원한 선배들이 의료 기구와 의약품을 가지고 달려왔다. 회장인 그의 태도가 권위적이지 않아서 아무도 그에게 거부감을 느끼지 않았기 때문이다. 겸손하고 신사적인 그를 여자 회원들도 좋아했다. 모임은 활성화되었고 임원들은 자기 역할을 즐겁게 수행했다. 회의를 진행하는 그의 태도에 자신감이 붙었다. 전처럼 우물쭈물하지 않았다. 메모를 가지고 나와서 분명하고 조리 있게 말했고 목소리도 커졌다. 일 년 임기를 마쳤을 때 회원들은 그가 달라졌다는 것을 인정했다. 그 자신도 참 좋은 경험을 했고 자신이 좀 달라진 것을 느낀다고 했다. 성취감은 자존감을 높여 준다.

또 다른 대학생의 예를 들어 보겠다. 열등감이 심한 학생이 있었다. 자신은 아무것도 잘하는 것이 없다고 생각했다. 남들과 자신을 비교해 보면 자신이 너무 못나고 작아 보여서 비참했다. 그가 친구를 따라 대학 합창단에 들어갔다. 지휘자의 눈치가 보이고 실수할 것 같아서 마음이 초조했다. 그러나 합창은 즐거웠다. 합창 공연을 생각하면 떨리면서도 한편으론 기분이 좋았다. 게다가 지휘자는 그에게 곡 중 독창을 시켜 주었다. 깜짝 놀라서 사양했지만 다른 단원들이 격려해 주었다.

자신감은 없었지만 레슨도 받고 열심히 연습했다. 공연을 마치고 지휘자는 일부러 그에게 다가와 등을 두드려 주었다. 가족들과 여자친구도 "오늘 솔로 좋았어. 참 잘했어."라고 칭찬해 주었다. 그는 합창단에 들어오기를 잘했다고 생각했다. 학생의 자존감이 회복되는 사건이었다. 프로이트의 이론을 이 학생에게 적용한다면 그는 자기 속에서 자랑스러운 부분을 확인한 것이다. 그것이 자존감을 높여 주었다. 자존감 회복을 위해서는 이 과정이 꼭 필요하다. 자기를 극복해 보는 과정이다.

다른 예를 들어 보자. 성적 욕구를 참지 못하고 퇴폐 업소에 늘 가던 남성이 있었다. 죄책감으로 늘 우울했다. 죄책감은 자존감을 처참하게 무너트렸다. 그러던 어느 날 마음을 정했다. 몰래 업소에 가고 싶은 욕구를 극복하고 일찍 귀가했다. 아내의 얼굴을 보는 순간 '내가 참 잘했구나.'하고 안도감을 느꼈다. 순간이었지만 자신이 '괜찮은 놈'으로 보였다고 했다. 물론 단 한 번으로 완성되는 것은 아니다. 그러나 자존감이 회복되는 길에 들어선 것이다. 스스로에게 떳떳해지는 것이 자존감을 높이는 길이다. 반대로 죄책감은 자존감을 처참하게 무너트린다.

그런데 자존감이 낮은 사람들은 실패에 대한 두려움이 높다. 무기력에 빠진 '실험 동물'처럼 그 무엇도 시도하지 못한다. 그러나 자존감을 회복하려면 망설이지 말고 무언가 행동으로 옮기고 시작하는 것이 중요하다. 합창단에 들어간 학생처럼, 동아리 회장이 된 의대생처럼, 성욕을 참아 낸 남성처럼 자기 극복을 시도해야 한다. 실패를 두려워하는 자는 성공도 맛볼 수 없다.

착수하는 시점도 중요하다. 그 시점을 내일로 미루면 일이 어려워진다. 양은순 교수가 쓴 『사랑과 행복에의 초대』에 '내일은 공짜' 이발소 이야기가 나온다.★ 한 청년이 이발소에 갔다. 유리문에 '내일은 공짜'라는 광고가 붙어 있었다. 내일 오면 이발료를 받지 않겠다는 광고였다. 그는 공짜로 이발할 셈으로 돌아갔다. 그리고 다음 날 이발소에 갔다. 그런데 이번에도 똑같은 광고가 붙어 있었다. 만약에 청년이 '내일은 공짜' 광고를 믿고 또다시 돌아갔다면 이 청년은 끝내 이발할 수 없었을 것이다.

사실 '내일'이라는 시간은 우리의 시간이 아니다. 우리에게는 오늘이 있을 뿐이다. 고쳐야 할 일이 있다면 오늘부터 고치기 시작해야 한다. 착수할 일이 있다면 오늘 착수해야 한다. 두려워서 망설이고 있는 사이에 자존감을 회복할 기회는 날아가 버린다.

★ 양은순 (1994) : 『사랑과 행복에의 초대』 서울, 홈

자신의 참 모습을 직면할 때
자존감이 회복된다

위니코트 박사는 영국
의 정신분석가다. 마음이 따뜻한 사람으로 알려져 있는데 소아
과 의사이기도 했다. 그는 '가짜 자기 false self'와 '진짜 자기 true self'라
는 학설을 발표했다.* '가짜 자기'는 자기가 그렇게 되기를 바라
는 자기이다. 아이가 만들어 낸 자기이다. '진짜 자기'로서는 부
모의 사랑을 받을 수 없다고 판단하고 부모의 사랑을 받기 위해

★ Winnicott D.W. (1965): Ego Distirtion in Terms of True and False Self, in *The Maturational Processes and the Facilitating Environment*. New York, International University Press: pp 140-152

서 만들어 낸 자기이다.

자기가 원하는 것은 숨기고, 부모가 원하는 말 잘 듣고 모범적인 착한 아이로 위장한 것이다. '이렇게 완벽해야 엄마한테 혼나지 않을 거야.' 아이는 자기 상상 속에서 완벽의 기준을 만들어 놓고 거기에 맞춰 산다. 그리고 그렇게 성격이 형성되면 가짜로서 일생을 산다. 연기 인생이다. '진짜 자기'가 드러날까 봐 노심초사한다.

이런 사람의 심리를 자세히 들여다보면 '진짜 자기'를 수치스러운 자기로 믿고 있다. 심지어 자연스러운 분노나 욕구까지도 부정적으로 본다. 인간으로서 약점도 있을 수 있고 부끄러운 부분도 있을 수 있다. 하지만 그것을 절대로 인정할 수 없다. 이런 부족함이 드러날까 봐 아이같이 두려워한다. 그리고 이런 '진짜 자기'를 허겁지겁 덮고 회피한다. '나는 그런 인간이 아니에요.' 자기가 자기 뒤로 숨는 것이다.

나는 정신분석가로서 사람들이 '진짜 자기'를 만나는 것을 두려워하는 것을 많이 봐 왔다. 비난과 수치를 예상하기 때문이다. 일이 바빠서, 영화를 봐야 하기 때문에, 아이들 때문에 신경쓸 일이 많아서, 남편이 속을 썩여서 등 '진짜 자기'를 피하는 이유는 수백 가지나 된다. 그러나 언젠가 한번은 자기를 정면으로 만날 필요가 있다. 인간은 각자 아주 주관적이고 독특한 진실을 가지고 있다.

이 주관적 진실이 한 사람의 가치이기도 하다. 누구도 흉내낼 수 없고 넘볼 수도 없는 개인적 진실이다. 이것이 진정한 자기이다. 자기의 참모습이다. 회피하지 말고 자신의 참모습을 발견해야 한다. 이때 진정한 자존감이 우러나온다.

'진짜 자기'를 확인하는 작업이 정신분석이기도 하다. 분석 시간에 분석가는 피분석자가 자신의 '진짜 자기'를 만나고 확인하는 것을 도와준다. 피분석자가 수치심 때문에 자기를 기만하고 회피하려 할 때 이를 극복하도록 도와준다. 정신분석에는 돈이 들고 시간이 걸리지만 자기를 확인하는 경험은 실로 놀라운 체험이다. 마음이 편해지고 자존감이 높아지는 경험을 한다. 나 자신도 분석을 받으면서 나를 발견했고 내 가치를 확인하는 경험을 했다. 감격적인 경험이었다.

그렌 게버드 박사의 환자도 나와 같은 경험을 했던 것 같다. 분석 치료를 마치는 시간에 분석가에게 감동적인 감사의 말을 했다.* 그는 31세의 남자였고 전문직에 종사했다. 3년간의 분석 치료를 종결하는 마지막 시간이었다.

"오늘 제 느낌을 말로 다 표현하기 힘들군요. 선생님께서 해주신 모든 것에 어떻게 감사를 드려야 할지 모르겠습니다. 선생님께 큰 빚을 진 것 같아요. 제가 처음 선생님을 찾아왔을 때가 생각나네요. 그때 저는 제 안에서 도대체 무슨 일이 일어나고 있는지 전혀 알지 못했죠. 정말 엉망진창이었습니다. 하지만 지금 저는 처음으로 제 인생에서 제가 어떤 사람이며 타인에게 무엇을 바라고 있는지를 알게 되었어요.

선생님께서도 아시다시피 전 그리 쉬운 환자가 아니었죠. 무척 오랫동안 선생님께 제 마음을 열지 않았고, 저의 진짜 모습을 보이지 않으려고 선생님과 힘겨루기를 하기도 했습니다. 하지만 선생님은 결국 제 마음의 문을 여셨어요. 선생님께선 정말 큰 인내심을 가지고 저를 붙잡아 주셨어요. 그렇게 해 주신 데 대해 정말 어떻게 감사드려야 할지 모르겠어요.

선생님께선 자기 자신에 대해 별로 말씀하신 게 없으셨지만, 저는 선생님이 매우 가깝게 느껴집니다. 전 선생님을 결코 잊지 못할 겁니다."

★ Glen O. Gabbard 지음 ; 노경선 · 김창기 역 (2007): 『장기 역동정신 치료의 이해』 서울, 학지사
  : pp 17-18

자존감 문제로 괴로워하는 분들에게 정신분석을 권하고 싶다. 자기와 만나기를 원하는 분들에게도 권하고 싶다. 가까운 곳에 마음 편하게 만날 수 있는 정신 치료자를 만나 볼 것을….

누구나 자존감을 높일 수 있다

🍃 자녀가 무능력하거나 장애인이어도 부모는 자녀를 있는 그대로 사랑한다. 이런 경험을 반복하면 자녀는 건강한 자존감을 갖게 된다.

🍃 자존감은 엄마에게 달려 있다. 엄마의 자존감이 아이들에게 대물림된다. 엄마가 열등감에 사로잡혀 있다면 먼저 회복되어야 한다.

🍃 자존감이 낮은 사람은 용서하기가 어렵다. 그렇다 하더라도 이를 악물고 용서하도록 노력해야 한다. 자신에게 상처를 준 사람을 용서하지 않으면 그 상처가 수치심과 죄책감을 불러와 자존감 회복을 어렵게 한다.

🍃 성폭행이나 왕따를 당한 후에 열등감에 빠지는 사람들은 '내가 못나서 그런 일을 당한 거야.'라며 자기를 비난한다. 우리는 스스로에게나 남에게 비난하는 것이 익숙하다. 그러나 비난에

서 벗어나 마치 곤경에 빠진 다른 사람을 위로하듯 자신을 위로해 보자. 자기 위로가 과거의 아픈 경험으로부터 벗어나게 해 준다.

세상에 완벽한 사람은 없다. 이것을 인정해야 열등감에 빠지는 위험을 피할 수 있다. 실수할까봐 초조해하면서 갇혀 살지 말고 일상에 최선을 다해 살아왔다고 자신을 인정해 주자.

열등감의 심리에는 남보다 우월하려는 욕심이 있다. 욕심을 줄이고 자기와의 싸움에서 이기는 성공의 경험이 많을수록 자존감은 높아진다.

정신분석은 자기가 원하는 모습의 '가짜 자기'를 버리고 '진짜 자기'와 만나게 해 준다. 진짜 자기를 직시하여 받아들일 수 있다면 자존감이 높아진다.

혜인이가
왜 이렇게 예쁠까?

10여 년 전에 내 딸이 딸을 낳았다. 우리 집안에 첫 손녀가 태어난 것이다. 외손녀 '혜인'이는 예쁘고 사랑스럽고 소중했다. '이렇게 예쁠 수가 있을까.' 나는 내 속에 그렇게 강렬한 감정이 숨어 있는 줄 미처 몰랐다. 기저귀를 갈아 줄 때 발을 번쩍 드는 것도 예쁘고, 제 외할머니가 "엄마가 섬 그늘에 굴 따러 가면…" 하고 노래를 불러 주면 스르르 잠이 드는 순한 모습도 사랑스러웠다. 나만 그 애를 사랑하는 것이 아니었다. 아이의 이모할머니(나의 처제)들도 그랬다. 아이가 말을 배우기 시작했을 때 아이의 서툰 말투는 곧 우리 집안의 유행어가 되어 버렸다. 아이의 재롱은 무슨 빅뉴스인 양 곧 전국의 가족들에게 알려졌다. 집집마다 아이의 사진이 식탁 위에도 서 있고 침실에도 붙어 있었다.

어느 날 문득 '혜인이가 왜 이렇게 예쁠까?' 하는 의문이 생겼다. 우리 사회에서는 학벌이 좋으면 인기가 좋다. 그러나 우리 혜인이는 당시 무학이었다. 또한 이 사회에서는 돈이 많아도 인기가 좋다. 그러나 우리 혜인이는 돈 한푼 없었다. 당시 혜인이가 우리에게 물질적으로 줄 수 있었던 것은 젖은 기저귀 외엔 아무것도 없었다. 물론 우리에게 큰 기쁨을 주고 있었지만…. 또 인물이 좋으면 인기가 높을 수 있다. 우리 혜인이의 미모에 대해서는 이의가 없다. 그러나 미모 때문에 사랑스러운 것은 아니었다. 혜인이가 그렇게 소중하고 사랑스러운 것은 조건 때문이 아니었다. 혜인이가 우리 가족의 일원으로 태어나 준 자체가 고맙고 귀했다. 조건이 아니고 존재 자체 때문에 소중했다.

누군가 당신을 조건 때문에 좋아한다면 자존심이 상할 것이다. 사랑에 빠진 의대생이 있었다. 어느 날 그는 여자친구의 말을 듣고 몹시 화가 났다. "내가 오빠를 사귀는 이유는 오빠가 의대생이기 때문이야. 나는 어릴 때부터 의사하고 결혼하고 싶었거든. 우리 부모님들도 의사 사위를 원하셔." 그를 좋아하는 것이 아니고 의대생을 좋아한다는 말이었다. 불쾌했다. 무시당한 기분이 들었다. 여자친구가 갑자기 아주 이기적이고 타산적인 여자로 보였다. 결국 그는 여자친구와 헤어졌다.

　이 의대생의 반응을 살펴보자. 그는 여자 친구가 자기를 의대생이라는 조건 때문에 좋아하는 것이 아니라, 자기라는 인간 자체로 사랑해 주기를 바라고 있었다. 사람들은 조건 때문에 사람을 사랑하는 것 같지만 실은 존재 자체를 사랑하는 것이다. 그리고 그렇게 사랑받기를 원하기도 한다. 우리 혜인이가 존재 자체로서 그렇게 사랑스럽고 소중한 것처럼 말이다. 그리고 사실 인간은 어릴 때 다 이런 사랑을 받으며 자란다. 어머니들은 아기 때문에 산다고 해도 과언이 아니다. 떼쓰고 요구만 하는 아기를 위해서 모든 희생을 감내한다. 아이가 소중하고 사랑스럽기 때문이다. 그렇게 우리도 아기 때는 소중한 존재였다. 조건과 관계없이.

　그런데 어느 날부터 우리는 남과 나를 비교하고 조건을 가지고 자신을 평가하기 시작했다. 공부 잘하는 아이와 못하는 아이, 얼굴이 예쁜 아이와 미운 아이, 부잣집 아이와 가난한 집 아이. 그러면서 자존감은 점점 무너지고 우리는 작아지고 말았다. 그러나 무너진 자존감을 회복해야 한다. 우리 각자는 조건에 관계없이 한 인간으로서 소중한 존재이기 때문이다.

　생각해 보면 우리 각자는 지구상에 유일무이한 존재이다. 우리가 손가락에 가지고 있는 지문은 지구상에 단 하나뿐이라고 한다. 지문처럼 우리는 지구상에 살고 있는 60억 인구 중 유일한 존재이다. 지구가 창조되고 지구상에 인류가 등장한 이래로 우리 각자는 이 시대에 최초로 나타났다. 그리고 우리의 몸으로 인생의 역사를 쓰다가 어느 날 죽을 것이다. 거기까지가 우리의 일생이다. 다시는 반복되지 않는다. 유일무이하고 독특한 일생이다. 아무도 대신 살아 줄 수 없는 것이고, 내가 사는 나의 인생일 뿐이다.

이런 귀한 인생을 열등감으로 무기력하게 만든다면 억울한 일이다. 눈이 큰 아이와 비교하고, 집안 좋은 아이와 비교하고, 능력 있고 출세한 아이와 비교하면서 자신의 자존감을 무너트리며 사는 사람들이 있다. 안타까운 일이다. 우리는 선택해야 한다. 열등감에 쪼들리며 우울하게 살 것인가, 아니면 자존감을 가지고 당당하게 살 것인가? 자신의 선택에 달려 있다. 자기의 몫이다. 오늘 조용한 시간에 자신에게 이렇게 사과해 보자.

'그동안 내가 너를 너무 구박했지? 미안해.'

이 책이 열등감의 감옥에서 벗어나
자신을 조건 없이 사랑하는 데
도움이 되길 바랍니다.

행복한 성공자를 위한 출판

비전과 리더십